Holt French Level 2

Practice and Activity Book

Teacher's Edition
with Overprinted Answers

HOLT, RINEHART AND WINSTON
Harcourt Brace & Company
Austin • New York • Orlando • Atlanta • San Francisco • Boston • Dallas • Toronto • London

Writer

Jill Beede
Tahoma, CA

Cover Photo Credits
Group of students: Marty Granger/HRW Photo; French books: Sam Dudgeon/HRW Photo

Art Credits
All art, unless otherwise noted, by Holt, Rinehart and Winston.
Page 9, Vincent Rio; 15, Jocelyne Bouchard; 43, Anne de Masson; 50, Gilles-Marie Baur; 74, Gilles-Marie Baur; 100, Jocelyne Bouchard; 113, Edson Campos.

Photography Credits
All photos, unless otherwise noted, by Marty Granger/HRW Photo.
Page 2 (tr), Michelle Bridwell/Frontera Fotos; (cl), Bill Bachman/PhotoEdit; 122 (tr), Chris Huxley/Leo De Wys; (tc), Sebastian Raymond/Sipa Press; (bc), Allen/Liaison Int'l.

Printed in the United States of America

ISBN 0-03-052757-0

2 3 4 5 6 7 021 03 02 01 00 99

Contents

Allez, viens aux environs de Paris!

CHAPITRE 1 Bon séjour!
Mise en train 1
Première étape 2
Deuxième étape 5
Troisième étape 8
Lisons! 11
Panorama culturel 12

CHAPITRE 2 Bienvenue à Chartres!
Mise en train 13
Première étape 14
Deuxième étape 16
Troisième étape 20
Lisons! 23
Panorama culturel 24

CHAPITRE 3 Un repas à la française
Mise en train 25
Première étape 26
Deuxième étape 29
Troisième étape 32
Lisons! 35
Panorama culturel 36

Allez, viens à la Martinique!

CHAPITRE 4 Sous les tropiques
Mise en train 37
Première étape 38
Deuxième étape 41
Troisième étape 44
Lisons! 47
Panorama culturel 48

Allez, viens en Touraine!

CHAPITRE 5 Quelle journée!
Mise en train 49
Première étape 50
Deuxième étape 53
Troisième étape 56
Lisons! 59
Panorama culturel 60

CHAPITRE 6 A nous les châteaux!
Mise en train 61
Première étape 62
Deuxième étape 65
Troisième étape 68
Lisons! 71
Panorama culturel 72

CHAPITRE 7 En pleine forme
Mise en train 73
Première étape 74
Deuxième étape 77
Troisième étape 80
Lisons! 83
Panorama culturel 84

Allez, viens en Côte d'Ivoire!

CHAPITRE 8 C'était comme ça
Mise en train 85
Première étape 86
Deuxième étape 89
Troisième étape 92
Lisons! 95
Panorama culturel 96

Allez, viens en Provence!

CHAPITRE 9 Tu connais la nouvelle?
Mise en train 97
Première étape 98
Deuxième étape 101
Troisième étape 104
Lisons! 107
Panorama culturel 108

CHAPITRE 10 Je peux te parler?
Mise en train 109
Première étape 110
Deuxième étape 114
Troisième étape 116
Lisons! 119
Panorama culturel 120

CHAPITRE 11 Chacun ses goûts
Mise en train 121
Première étape 122
Deuxième étape 125
Troisième étape 128
Lisons! 131
Panorama culturel 132

Allez, viens au Québec!

CHAPITRE 12 A la belle étoile
Mise en train 133
Première étape 134
Deuxième étape 137
Troisième étape 140
Lisons! 143
Panorama culturel 144

Mon journal
Chapitres 1-12 145

To the Teacher

Contextualized practice is an important step in achieving language proficiency. The *Practice and Activity Book* is filled with opportunities for students to practice newly learned functions, grammar, and vocabulary in real-life contexts. The variety of formats makes the activities appealing and ensures that students will be able to use their new language skills in a wide range of situations.

Each chapter of the *Practice and Activity Book* provides the following types of practice:

- **Mise en train** Brief recognition-based activities reinforce newly introduced concepts.
- **Première, deuxième** and **troisième étapes** Within each **étape,** functional expressions, grammar, and vocabulary are practiced, both individually, within the context of previously learned material, and in contexts that incorporate all of the material from the **étape.** The activities progress from structured practice to more creative, open-ended work.
- **Lisons!** Additional reading selections and comprehension activities provide students more practice with the vocabulary and functions taught in the chapter.
- **Panorama culturel** This section offers several opportunities for students to reinforce and apply the newly acquired cultural information from the chapter.
- **Mon journal** Additional journal activities on pages 145–156 give students the opportunity to apply the writing strategies and material they've learned in relevant, personalized contexts.

Answers to all activities are included in the *Practice and Activity Book, Teacher's Edition.* Annotations in the *Annotated Teacher's Edition* correlate activities in the *Practice and Activity Book* with material presented in the *Pupil's Edition.*

CHAPITRE 1

Nom _______________ Classe _______________ Date _______________

Bon séjour!

MISE EN TRAIN

1 Tu te rappelles? Number the pictures in the order of events in **Une méprise.**

2

4

1

3

2 Raconte Now summarize what happens using words from the box below.

Patricia	impatiente	valise	en retard	méprise	voiture
bagages	Pamela	noire	petite	brune	

Les Lepic sont **en retard** pour aller à l'aéroport. Sandra est impatiente. Quand ils arrivent, M. Lepic reste dans la **voiture** pendant que Mme Lepic et Sandra vont chercher **Pamela**. M. Lepic voit une fille qui correspond à la description de Pamela : **brune**, avec une jupe rouge et une grande valise **noire**. Mais ce n'est pas elle, c'est **Patricia**. Quand Mme Lepic et Sandra arrivent avec Pamela, M. Lepic comprend sa **méprise**. Patricia trouve Bertrand mais les Lepic partent avec la **valise** de Patricia!

Nom ______________________ Classe ______________ Date ______________

PREMIERE ETAPE

3 Auto-portrait Your cousins Emilie and Camille want to send ads for a French pen pal to a teenage magazine. Help them write a description of themselves based on their photos.
Answers will vary. Possible answers:

Je m'appelle Emilie et j'ai seize ans. Je suis brune et de taille moyenne. J'aime la musique, sortir avec des copains et manger au fast-food. Je suis gourmande! Et toi?

Salut! Je m'appelle Camille. J'ai quinze ans. J'ai les cheveux châtain et les yeux verts. Je suis assez grande, mince et amusante. Je suis sportive. Et toi?

4 Au pair Your friend Claudia is applying for a job as an **au pair** in France. Help her complete her application letter with the appropriate forms of **avoir** or **être**.

Chère Mme Serin,

Bonjour! Je m'appelle Annie et je veux **être** au pair chez vous. J'adore les enfants! J' **ai** 18 ans. J'ai deux frères et une sœur qui **sont** plus jeunes que moi. Alors, j' **ai** fait beaucoup de baby-sitting.

Vous **avez** combien d'enfants? Ils **ont** quel âge? Est-ce qu'ils **sont** déjà à l'école? Si oui, je peux faire le ménage pour vous pendant la journée aussi, si vous **êtes** d'accord.

N'hésitez pas à m'écrire si vous voulez plus de renseignements. Merci beaucoup.

Claudia

5 Cherche correspondant(e)

a. Justine wrote an ad for the paper to find an American boy as a pen pal. Unfortunately, the person typing the ad made some mistakes. Can you find and correct the ten errors? Rewrite the ad, underlining the words you've corrected.

JF 15 ans, mignonne, ni grande ni petite, intelligente, blonde, yeux bleus, aime danser, le jazz, le cinéma, déteste le sport. Ch. corr. JG américain, 13 à 16 ans, beau, sympa, pas gourmand, aime étudier. JEC REF 23756

JG 15 ans, mignon, ni grand ni petit, intelligent, blond, yeux bleus, aime danser, le jazz, le cinéma, déteste le sport. Ch. corr. JF américaine, 13 à 16 ans, belle, sympa, pas gourmande, aime étudier. JEC REF 23756

Guide des abbréviations :

J = jeune
F = fille
G = garçon
ch = cherche
corr = correspondant(e)
JEC = Journal d'Echanges Culturels
REF = référence

b. You would like to have a French pen pal, too. Write an ad, using the one shown here as a model. **Answers will vary.**

6 Un malentendu

Un journaliste t'interviewe, mais il est évident qu'il ne te connaît pas très bien. Corrige-le en lui donnant des informations exactes sur tes goûts et tes activités. **Answers will vary. Possible answers:**

Exemple : On me dit que tu aimes le jazz.
Mais non, pas du tout. Je n'aime pas le jazz. J'aime le rock!

1. On me dit que tu adores la danse classique.
   Mais non, pas du tout. Je n'aime pas la danse classique. J'aime la gymnastique.

2. Tu préfères le foot comme sport, n'est-ce pas?
   Mais non, pas du tout. Je préfère le tennis.

3. C'est vrai que tu aimes les bandes dessinées?
   Oui, j'aime bien les bandes dessinées, mais j'aime mieux les films.

4. C'est vrai que *Le Roi Lion®* est ton film préféré?
   Mais non! J'aime mieux «Jurassic Park»®.

7 **Une personnalité agréable** What does your best friend look like? Describe his or her personality and tell what activities he or she participates in. **Answers will vary.**

____

____

____

____

____

____

____

8 **Le nouveau** Pour mieux connaître Rémi, le nouveau de la classe, ses camarades lui ont posé des questions. Peux-tu deviner ce qu'ils lui ont demandé en lisant les réponses de Rémi? **Answers may vary. Possible answers:**

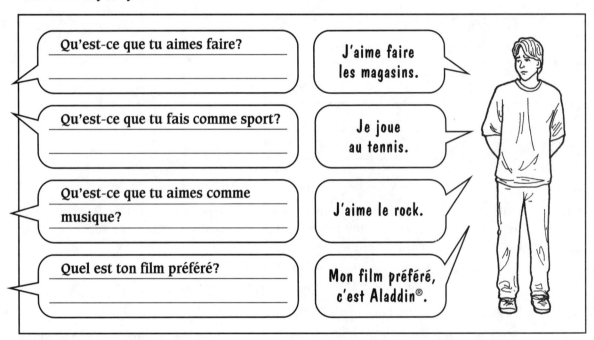

Questions	Rémi
Qu'est-ce que tu aimes faire?	J'aime faire les magasins.
Qu'est-ce que tu fais comme sport?	Je joue au tennis.
Qu'est-ce que tu aimes comme musique?	J'aime le rock.
Quel est ton film préféré?	Mon film préféré, c'est Aladdin®.

9 **Programme d'échanges** Your family would like to host a foreign exchange student for the school year. The form the student filled out didn't have as much information as you would have liked. Write six additional questions to send to the student, to help you and your family get to know him or her. **Answers will vary. Possible answers:**

1. **Quel est ton plat préféré?**
2. **Qu'est-ce que tu aimes comme sport?**
3. **Qui est ta musicienne préférée?**
4. **Qu'est-ce que tu aimes faire avec tes copains?**
5. **Qu'est-ce que tu aimes comme musique?**
6. **Quelle est ta couleur préférée?**

DEUXIEME ETAPE

10 Mots croisés

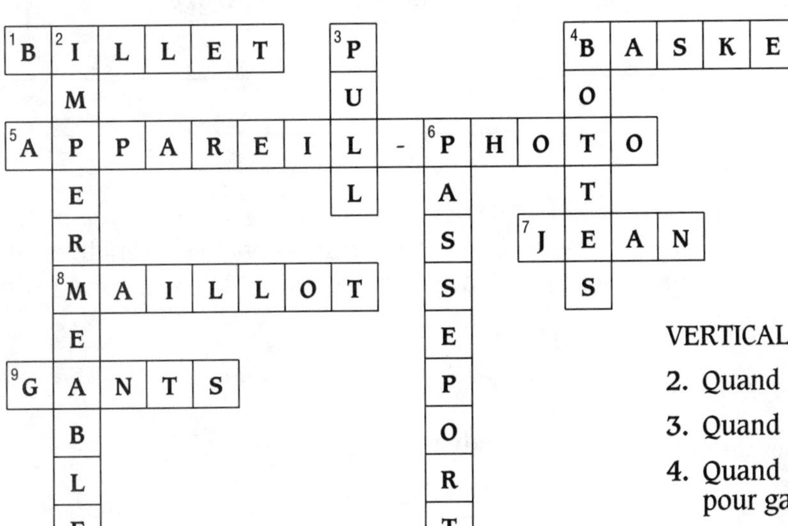

VERTICALEMENT :

2. Quand il pleut, il faut mettre un...
3. Quand il fait froid, on met un...
4. Quand il fait mauvais, je mets mes... pour garder les pieds secs.
6. Pour aller en France, quand on est américain, il faut un...

HORIZONTALEMENT :

1. Pour aller en Europe, on a besoin d'un... d'avion.
4. Pour faire du sport, comme chaussures, on met des...
5. Pour faire des photos, il faut avoir un...
7. Un... est un type de pantalon.
8. Quand on nage, on porte un... de bain.
9. Quand on a froid aux mains, on met des...

11 Les quatre saisons

When you arrive in France for your year abroad, you realize that you didn't bring enough clothing. You write home asking your family to send you outfits for each season. Describe the outfits you'd like them to send. Make sure the adjectives agree with the nouns, and don't forget to include articles. You may want to refer to the list of clothing and colors on page R13 of your textbook. **Answers will vary. Possible answers:**

1. Pour l'été, je voudrais **un short rouge et cinq tee-shirts.**
2. Pour l'automne, je voudrais **trois pulls, un jean noir et des chaussures noires.**
3. Pour l'hiver, je voudrais **un sweat marron, un anorak vert et une écharpe blanche.**
4. Pour le printemps, je voudrais **un pantalon jaune et un tee-shirt blanc et jaune.**

12 Le quatorze juillet You've been invited to go to an evening street dance on Bastille Day. You'd like to be as festive as possible. Decide what to wear, using the colors of the French flag: blue, white, and red. **Answers will vary. Possible answer:**

Je vais porter **un jean bleu, un tee-shirt rouge et des baskets blanches.**

13 A l'aéroport While waiting in the airport, you overhear pieces of various conversations going on around you. Complete these conversations with the appropriate present tense or **passé composé** form of the verb in parentheses. **Answers may vary. Possible answers:**

1. — Quel magazine est-ce que tu **choisis** (choisir)?
   — Je vais prendre *Okapi®* et *Phosphore®*.
2. — Oh là là! Comme tes enfants **ont grandi** (grandir)!
   — Oui, il me semble qu'ils **grandissent** (grandir) un peu plus chaque jour.
3. — Qui **choisit** (choisir) la musique pour la fête demain?
   — Annick **choisit** (choisir) la musique et moi, je **choisis** (choisir) l'endroit.
4. — Qu'est-ce que vous **avez choisi** (choisir) comme cadeau pour votre neveu?
   — Je lui ai acheté cet anorak bleu. Il **a grossi** (grossir) un peu et son vieil anorak est trop petit.
5. — Regarde la photo dans mon passeport.
   — Tiens! Comme tu **as maigri** (maigrir)!
   — Ben, une semaine je **maigris** (maigrir), mais je **grossis** (grossir) la suivante!

14 Alors, fais-le! You're visiting Paris with your friends. They aren't very decisive. When they tell you what they feel like doing, tell them to do it.

1. — J'ai envie de mettre un jean cet après-midi.
   — Alors, **mets un jean (cet après-midi)!**
2. — Nous avons envie d'aller au musée.
   — Alors, **allez au musée!**
3. — Nous avons envie d'acheter des cartes postales.
   — Alors, **achetez des cartes postales!**
4. — J'ai envie de prendre mon appareil-photo.
   — Alors, **prends ton appareil-photo!**
5. — Nous avons envie de prendre une photo de la tour Eiffel.
   — Alors, **prenez une photo de la tour Eiffel!**

15 De bons conseils You've just come back after a year in France and you meet a student who's getting ready to go there for a year. Tell him or her what to take. **Answers will vary. Possible answers:**

1. Pour aller en France, **pense à prendre ton passeport.**

2. Pour skier, **n'oublie pas de prendre une écharpe.**

3. Pour la pluie, **prends un imperméable et des bottes.**

4. Pour ta famille française, **pense à prendre un cadeau.**

5. Pour faire du sport, **n'oublie pas tes baskets.**

6. Pour préserver tes souvenirs, **prends ton appareil-photo.**

16 Le look américain Read the note your French pen pal wrote you asking for advice. Write back with suggestions for what he should wear. **Answers will vary.**

Au secours! Un ami m'a invité à une boum samedi. Il y a une fille super sympa que je veux connaître et je veux l'impressionner. Je veux avoir un «look» américain. Qu'est-ce que je mets? Ecris-moi vite!

TROISIEME ETAPE

17 Méli-mélo Remets cette conversation entre Roland et Charlotte dans le bon ordre.

— Ah, non! Pas question! Je déteste faire les magasins. On pourrait aller au café plutôt.

— Oui, ça va. Dis, tu veux aller au cinéma avec moi?

— Ça, c'est une bonne idée!

— Salut, Roland. Ça va?

— Non, ça ne me dit rien. Je préfère faire les magasins. Ça te dit?

— Salut, Roland. Ça va?

— Oui, ça va. Dis, tu veux aller au cinéma avec moi?

— Non, ça ne me dit rien. Je préfère faire les magasins. Ça te dit?

— Ah, non! Pas question! Je déteste faire les magasins. On pourrait aller au café plutôt.

— Ça, c'est une bonne idée!

18 Invitations It's Friday afternoon and everyone's making weekend plans. Respond to the following invitations, according to the cues provided. **Answers will vary. Possible answers:**

Example : Tu veux jouer au tennis dimanche soir? (Tu dois étudier.)
Non, je ne peux pas.

1. Si tu veux, on peut aller au restaurant indien samedi soir. (Tu adores la cuisine indienne.)
   C'est une bonne idée.
2. Tu as envie d'aller danser samedi soir? (Tu n'aimes pas danser.)
   Non, ça ne me dit rien.
3. Ça te dit d'aller au théâtre ce soir? (Tu dois étudier.)
   Pas question!
4. On pourrait voir un film d'horreur dimanche. (Tu aimes mieux les films d'aventures.)
   Non, je préfère les films d'aventures.
5. Est-ce que tu veux faire une promenade samedi matin? (Tu es libre.)
   D'accord.
6. Tu as envie d'aller au concert de jazz dimanche? (Tu n'aimes pas le jazz.)
   Non, ça ne me dit rien.
7. Si tu veux, on peut faire les magasins demain soir. (Tu veux acheter des vêtements.)
   Je veux bien.

19 **Des projets** Tell what you and your friends are going to do Saturday evening. **Answers may vary. Possible Answers:**

1. José et Odile, vous **allez** **manger au café.**
2. Hervé et Zack **vont** **jouer au foot.**
3. Makim **va** **regarder la télé.**
4. Moi, je **vais** **écouter de la musique.**
5. A 9h, Arnaud et moi, nous **allons aller à un concert.**
6. Elodie, tu **vas** **faire le ménage.**

20 **On va bien s'amuser!** Complète cette lettre que ton ami(e) français(e) t'a écrite à propos de ta future visite en France. **Answers may vary. Possible answers:**

J'ai beaucoup de projets pour ta visite en France. **D'abord**, je **vais** te présenter à mes parents. **Ensuite**, on **va** voir le Sacré-Cœur ; c'est une très belle église. Il y a des tas de choses à faire ici. On **peut** prendre le bateau-mouche. Le Louvre, ça ne me dit rien ; je n'aime pas beaucoup les musées. Je **préfère** le cinéma ; c'est beaucoup plus amusant. **Finalement**, la dernière semaine, on **pourrait** aller voir les châteaux de la Loire. Ça **te dit** ? En tout cas, on va bien s'amuser!

21 **Ta réponse** Maintenant, écris une réponse à la lettre de l'activité 20. Réponds aux suggestions de ton ami(e) et dis-lui ce que tu voudrais faire pendant ta future visite en France. **Answers will vary.**

22 Une balade à Paris You're on vacation with your family in Paris and you've planned a whole day of sightseeing. Write a postcard to your friend back home telling what you're going to see and do, and the order in which you're going to do things. **Answers will vary.**

Timbrez ici

23 On pourrait... Suggère à ton ami(e) trois activités que vous pourriez faire ce week-end. Ton ami(e) a d'autres projets *(plans)*. Ecris votre conversation. **Answers will vary.**

LISONS!

24 Enfin arrivée! Read the following letter written by an American student in France to her French teacher back home.

Saint-Laurent, le 10 octobre

Chère Madame Smith,

Je suis bien arrivée en France. Ma famille d'accueil m'attendait à l'aéroport et nous sommes tout de suite allés à Saint-Laurent, ma nouvelle petite ville. Il fait beaucoup plus froid ici que chez nous. J'ai bien fait d'apporter de gros pulls, des bottes et un manteau chaud. Je n'ai pas oublié mon appareil-photo. Je vais vous envoyer des photos à montrer à la classe.

Ma famille française est très gentille. M. Dupuis est instituteur à l'école maternelle du village. Il est grand et mince et il a trente-neuf ans. Mme Dupuis est petite avec de longs cheveux blonds. Elle est professeur de sciences nat. au lycée. Elle est très gentille. Guillaume a neuf ans. Il est mignon, mais un peu pénible. Il aime jouer au foot et écouter du hard rock. Juliette a 17 ans comme moi. Elle a les cheveux bruns comme son père. Elle est grande et sportive. Elle est amusante. Elle fait du judo.

Le premier mois à l'école a été difficile pour moi. C'est très différent de chez nous. Nous avons beaucoup de devoirs tous les soirs. On va à l'école de 8h à 5h le lundi, mardi, jeudi et vendredi, et de 8h à midi le mercredi et le samedi. J'ai six heures de philosophie par semaine! Le mercredi après-midi, on fait du sport à la MJC. Le samedi soir, je fais du judo avec Juliette. C'est chouette!

Dites bonjour pour moi à toute la classe.

A bientôt,

Jennifer

a. Answer the following questions in English and find one or two sentences from Jennifer's letter that support your answers.

1. What is the climate like where Jennifer is living? **It's cold. «Il fait beaucoup plus froid ici. J'ai bien fait d'apporter de gros pulls.»**
2. What profession do Mr. and Mrs. Dupuis have in common? **They both teach. «Il est instituteur... Elle est prof de sciences nat...»**
3. When does Jennifer do sports? **On Wednesday afternoon and on Saturday night: «Le mercredi après-midi, on fait du sport... Le samedi soir, je fais du judo avec Juliette.»**
4. What is Jennifer going to send her teacher? **Photos to show to the French class: «Je vais vous envoyer des photos à montrer à la classe.»**

b. What differences are there between Jennifer's French school and schools in the United States?

There's a lot of homework, the school days are longer, there is no class on Wednesday afternoon, but there is class on Saturday morning. Philosophy is an important subject.

Nom _______________ Classe _______________ Date _______________

PANORAMA CULTUREL

25 France-Amérique

Etienne Lesage

Kim Richards

Sometimes it's quite surprising for us Americans, when we first arrive in France, to see how our culture has influenced the French. Many French people wear American clothing, listen to American music, watch American soap operas and films, eat in fast-food restaurants, and use English words frequently. At the same time, we hear them criticize American foreign policy, our educational system, speak of how "undisciplined" we are, or point out America's high crime rate.

Rewrite the paragraph from the French point of view. **Answers will vary.**

Sometimes it's quite surprising for us French, when we first arrive in America, to see how our culture has influenced theirs.

Nom ______________________ Classe ______________ Date ______________

Bienvenue à Chartres!

MISE EN TRAIN

1 Bienvenue! Annick is welcoming Monique, an exchange student, to her house. What does she say in each of the following situations? Circle the letter of your choice.

1. a. Ça, c'est la salle de bains.
   b. C'est sympa ici.
   (c.) Bienvenue chez nous.

2. (a.) Ça, c'est ta chambre.
   b. Voici notre maison.
   c. Voilà le salon.

3. a. Bienvenue chez nous.
   (b.) Ça, c'est la salle à manger.
   c. Ça, c'est l'entrée.

Nom ____________________ Classe ____________ Date ____________

PREMIERE ETAPE

2 L'hôte ou l'invité? Would these remarks be made by a host/hostess or a guest? **Order may vary.**

C'était excellent! C'était fatigant! Tu as fait bon voyage?
Fais comme chez toi. Bienvenue chez moi. C'est gentil de ta part.

HOST OR HOSTESS	GUEST
Bienvenue chez moi.	C'est gentil de ta part.
Tu as fait bon voyage?	C'était excellent!
Fais comme chez toi.	C'était fatigant!

3 Tu ou vous? Est-ce que tu utilises **tu** ou **vous** pour t'adresser aux personnes suivantes?

tu	vous	
✓		1. ton meilleur ami (ta meilleure amie)
	✓	2. le père d'un copain
✓		3. ta mère
	✓	4. deux camarades de classe
	✓	5. une vendeuse au supermarché
✓		6. ton chien

4 Qui parle? Lis les dialogues suivants et dis qui parle.

c 1. — Bienvenue chez moi. Tu as fait bon voyage?
— Bof, c'était fatigant.
— Alors, entre. Tu n'as pas soif?
— Si, j'ai très soif.
— Fais comme chez toi. Je vais chercher de l'eau.
— Merci.

a 2. — Bienvenue chez nous. Vous avez fait bon voyage?
— Oui, excellent.
— Faites comme chez vous.
— Merci, c'est gentil de votre part.
— Il est déjà midi. Vous n'avez pas faim?
— Si, un peu.

b 3. — Bienvenue chez nous. Tu as fait bon voyage?
— Oui, mais c'était fatigant.
— Fais comme chez toi.
— Merci, c'est gentil de votre part.
— Tu n'as pas soif?
— Si, j'ai très soif.

a) deux adultes qui ne se connaissent *(know)* pas très bien

b) une femme et une jeune fille

c) deux amies

CHAPITRE 2 Première étape

5 Quel voyage! Complète cette conversation entre Sylvie et son amie Michèle. **Answers may vary. Possible answers:**

— **Bienvenue**, Sylvie. Tu as fait **bon voyage**?

— Oui, **merci**.

— Alors, entre. Fais comme **chez toi**.

— C'est **gentil** de ta part.

— Pas trop **fatiguée**?

— **Si**, je suis crevée.

— Tu n'as pas **faim**?

— Non, mais j'ai très soif.

— Bon, tu veux une limonade?

— Oui, je veux bien.

6 Salut! Sophie arrive de Paris et elle va chez son ami Robert. Robert l'accueille *(welcomes)*. Ecris leur conversation. **Answers will vary. Possible answer:**

— Salut, Sophie. Bienvenue chez moi.

— Merci, Robert.

— Tu as fait bon voyage?

— Oui, mais c'était fatigant.

— Tu n'as pas faim?

— Non, ça va.

— Fais comme chez toi.

— C'est gentil de ta part.

DEUXIEME ETAPE

7 Devinette Can you guess the words from these clues?

1. d On y met des livres.
2. e On y met la voiture.
3. c On y prépare les repas.
4. f Quand on a des invités, on y dîne.
5. b On y trouve un lit.
6. a On y met ses vêtements.

a. l'armoire
b. la chambre
c. la cuisine
d. les étagères
e. le garage
f. la salle à manger

8 Une maison à louer You're looking for a vacation home to rent near Chartres. The realtor sent you this floor plan. Look at the plan and answer, in English, the questions that follow.
Answers may vary. Possible answers:

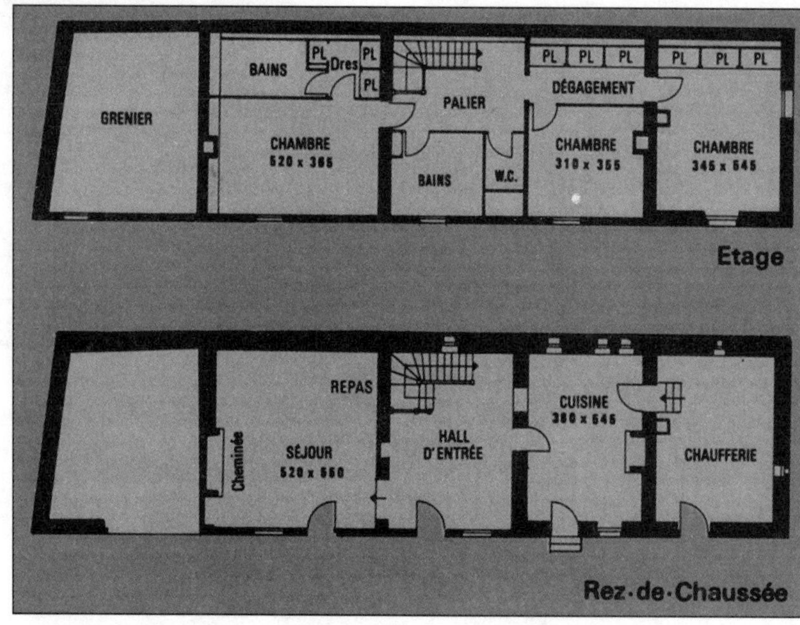

1. How many floors does this house have?
   two
2. How many bedrooms are there? On which floor are they located?
   three; the second floor
3. Can you guess what the **séjour** is? How do you know?
   the living room; It's on the ground floor. There's a fireplace.
4. Where are the bathrooms located?
   on the second floor
5. What do you think the **grenier** is?
   an attic or storage room
6. Can you guess what is located in the **chaufferie?** How do you know?
   a furnace; The word "chaufferie" begins like the word "chaud."

9 On est où? Marie-Claire's family is busy all over the house! As she tells you what everyone's doing, guess where you would most likely find each person. **Answers may vary. Possible answers:**

1. Mon père fait la vaisselle et ma mère prépare le déjeuner.
   Ils sont dans la cuisine?
2. Ma cousine Agathe dort sur mon lit.
   Elle est dans ta chambre?
3. Ma sœur Gisèle regarde la télé.
   Elle est dans le salon?
4. Mon frère Norbert tond le gazon.
   Il est dans le jardin?
5. Mon frère André prend son petit déjeuner.
   Il est dans la salle à manger?

10 C'est où? You're giving your friend a tour of your house. Tell where all the rooms of the house are located relative to other rooms. Use the floor plan of the house in Activity 8.

Ça, c'est le hall d'entrée. Ici, à côté, c'est la salle de séjour. Là, c'est la cuisine. La chaufferie est loin de la salle de séjour, à côté de la cuisine. Il y a trois chambres au premier étage. Les W.-C. sont entre deux chambres. Il y a aussi un grenier au premier étage.

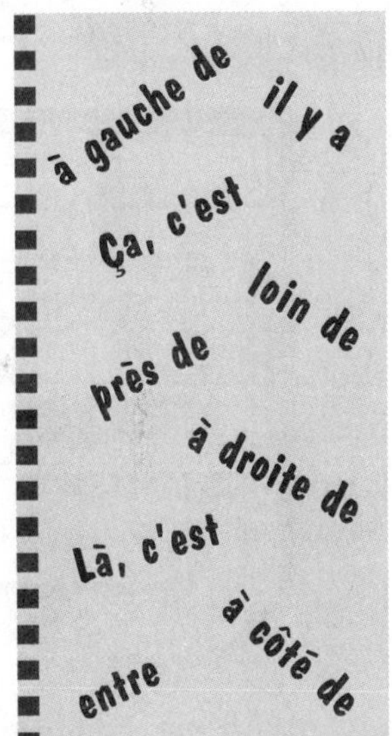

à gauche de
il y a
Ça, c'est
loin de
près de
à droite de
Là, c'est
à côté de
entre

11 Ça, c'est... Your friend Paul wants to compliment his host family's house, but he's not sure what to say. Help him out by completing each compliment below with the correct form of an appropriate adjective. Use each adjective only once. **Answers will vary. Possible answers:**

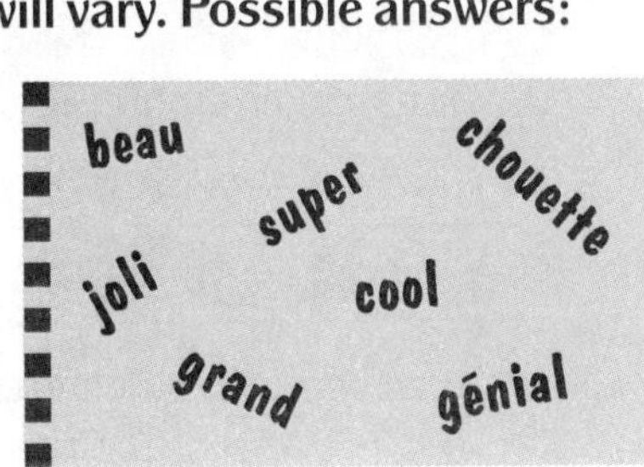

1. Ça, c'est une très **belle** chambre.
2. Ils sont vraiment **jolis**, ces posters.
3. Elle est vraiment **géniale**, ta chaîne stéréo.
4. J'adore ce tapis. Il est super **cool**.
5. Vous avez un très **grand** jardin!
6. Elle est **chouette**, cette armoire.

12 Ma chambre Your French pen pal Ralf wrote a letter to you describing his room and the furniture. The letter got damaged in the mail and some of the words are missing. Use different adjectives to fill in the blanks logically. **Answers will vary. Possible answers:**

Salut de France!

Comment ça va? Je vais te décrire ma chambre. J'ai une ____**petite**____ *chambre mais elle est* ____**belle**____. *J'ai une* ____**vieille**____ *armoire et beaucoup de* ____**grands**____ *posters. Sur la commode, il y a une* ____**nouvelle**____ *chaîne stéréo. J'ai aussi un* ____**grand**____ *tapis qui est un peu* ____**vieux**____ *et sur mes étagères il y a beaucoup de livres qui sont très* ____**beaux**____. *La lampe qui est à côté de mon* ____**vieil**____ *ordinateur n'est pas très* ____**grande**____. *Je l'aime parce qu'elle est* ____**jolie**____. *Enfin, mon lit est* ____**petit**____, *mais je l'adore. Il est vraiment* ____**chouette**____.

13 La chambre de Patricia Help your classmate Patricia rewrite her essay so that the sentences flow more smoothly. Replace some of the nouns with pronouns and link sentences with connecting words. **Answers may vary. Possible answer:**

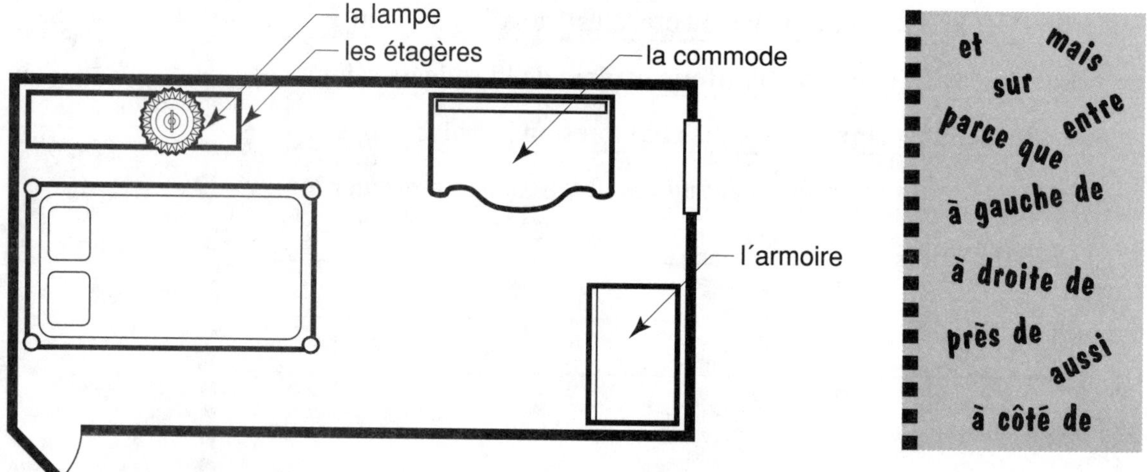

Dans ma chambre, il y a un lit. Le lit est petit. Il y a des étagères. Elles sont grandes. Il y a une lampe. La lampe est très vieille. J'adore la lampe. Il y a une commode. La commode est marron. La commode est belle. J'ai une armoire. J'ai beaucoup de vêtements. J'ai trois posters de Roch Voisine. J'adore la musique de Roch Voisine. J'ai une chaîne stéréo. Elle est nouvelle. J'ai beaucoup de cassettes. Je n'ai pas de télévision.

Dans ma chambre, il y a un petit lit. Près du lit, il y a de grandes étagères. Sur les étagères, il y a une vieille lampe. Je l'adore. A côté des étagères, il y a une belle commode marron. Près de la commode, il y a une armoire avec beaucoup de vêtements. J'ai trois posters de Roch Voisine parce que j'adore sa musique. J'ai aussi une nouvelle chaîne stéréo et beaucoup de cassettes, mais je n'ai pas de télévision.

Nom ______________________ Classe ______________ Date ______________

14 Réponses à tout Comment est-ce que la famille de Paul peut répondre aux compliments dans l'activité 11? **Answers may vary. Possible answers:**

Tu trouves?

Vraiment?

C'est gentil!

15 Chez toi Imagine ta maison idéale, puis réponds aux questions suivantes. **Answers will vary. Possible answers:**

1. Où est ta maison idéale?
   en Californie
2. De quelle couleur est-ce qu'elle est?
   blanche
3. Elle a combien d'étages?
   deux
4. Combien de chambres est-ce qu'il y a dans ta maison idéale?
   sept
5. Combien de salles de bains est-ce qu'il y a dans ta maison?
   trois
6. Est-ce qu'il y a une salle à manger ou est-ce que tu manges dans la cuisine?
   Il y a une salle à manger.
7. Comment est le jardin?
   grand

16 Ma maison idéale Décris ta maison idéale en un paragraphe. Tu peux u... notes de l'activité 15. **Answers will vary. Possible answer:**

Ma maison idéale est en Californie. Elle est vieille, blanche et el...
étages. Elle a sept chambres et trois salles de bains. Ma c...
très jolie et elle a beaucoup de grandes fenêtres. O...
Derrière la maison, il y a un grand jardin av...
vraiment chouette, ma maison.

TROISIEME ETAPE

17 Le jeu des C Trouve les six endroits de la ville qui contiennent un **C** dans leur nom.

p i s C i n e

l y C é e

C a t h é d r a l e

p a r C

t e r r a i n d e C a m p i n g

o f f i C e d e t o u r i s m e

18 En ville Complète les phrases avec **à la, au, à l'** ou **aux.**

1. On emprunte des livres **à la** bibliothèque.
2. On va **au** terrain de camping.
3. On peut dormir **à l'** auberge de jeunesse.
4. On peut voir des sculptures et des peintures **au** musée.
5. On étudie le français **au** lycée.
6. On peut envoyer des lettres **à la** poste.

19 Devine! Ton amie Marion te dit ce que tes camarades de classe font cet après-midi. Devine où ils sont. **Answers may vary. Possible answers:**

Exemple : — Joëlle achète un billet de train.
— Elle est à la gare?

1. — David cherche un livre pour sa classe d'histoire.
— Il est à la bibliothèque?
2. — Pédro voit une pièce.
— Il est au théâtre?
3. — Julie fait un pique-nique.
— Elle est au parc?
4. — Vanessa achète des timbres.
— Elle est à la poste?

...van nage.

...ine?

...sculptures.

Nom _______________ Classe _______________ Date _______________

20 Oui ou non? Ton ami(e) veut savoir où sont certains monuments. Réponds à ses questions en utilisant le plan suivant. **Answers may vary. Possible answers:**

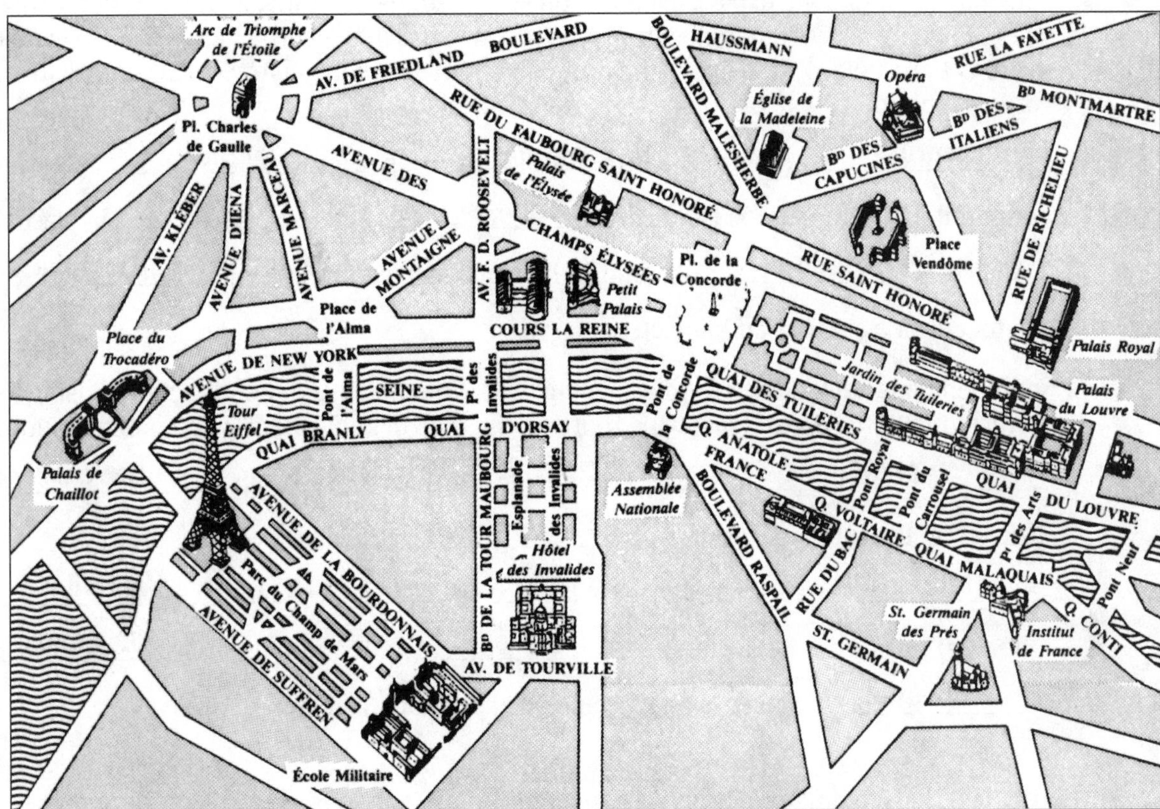

1. L'Opéra est près de l'Arc de triomphe, non?
   Non, l'Opéra est loin de l'Arc de triomphe.
2. Est-ce que la tour Eiffel est loin du palais de Chaillot?
   Non, la tour Eiffel est en face du palais de Chaillot.
3. Le jardin des Tuileries est entre la tour Eiffel et la place de la Concorde, c'est ça?
   Non, le jardin des Tuileries est entre le Louvre et la place de la Concorde.
4. Est-ce que l'église de la Madeleine est loin de l'Opéra?
   Non, l'église de la Madeleine est près de l'Opéra.

21 Où vas-tu? Tu es sur la place Charles de Gaulle. D'après les indications suivantes et le plan de Paris de l'activité 20, quelle est ta destination?

1. Prends l'avenue des Champs-Elysées. Tourne à droite dans l'avenue Roosevelt. Traverse le pont des Invalides et le quai d'Orsay. Continue tout droit sur le boulevard de la Tour Maubourg. C'est à gauche, juste avant l'avenue de Tourville.
   l'hôtel des Invalides
2. Prends l'avenue Marceau jusqu'à la place de l'Alma. Traverse la place de l'Alma et prends le cours la Reine. Après la place de la Concorde, prends le quai des Tuileries. Tourne à droite sur le pont du Carrousel, puis à gauche sur le quai Malaquais. C'est tout droit après le pont des Arts.
   l'Institut de France

CHAPITRE 2 Troisième étape

22 Visitons Paris!

a. You and your friend are exploring Paris. You've visited the Eiffel Tower, and you don't know where to go next. A gentleman gives you directions. Fill in the correct form of each verb in the directions below. Then follow the route on the map of Paris in Activity 20 and fill in your destination.

Tournez (Tourner) à droite sur le quai Branly. **Continuez** (Continuer) tout droit jusqu'au pont de l'Alma. **Traversez** (Traverser) le pont et la place de l'Alma et **prenez** (prendre) l'avenue Marceau. **L'Arc de triomphe** est tout droit à environ un kilomètre.

b. Your friend has decided where you're going next. Complete his or her directions, using the correct form of the verbs. Follow the route on the map of Paris and fill in your destination.

On **prend** (prendre) l'avenue des Champs-Elysées. On **traverse** (traverser) l'avenue Roosevelt et on **continue** (continuer) tout droit. On **tourne** (tourner) à droite à la place de la Concorde et on **prend** (prendre) le quai des Tuileries. On **va** (aller) tout droit. **Le palais du Louvre** est sur la gauche après le jardin des Tuileries.

23 Tu prends...

Ton ami(e) va arriver à Paris dans un mois et vous avez pris rendez-vous à l'Opéra. Il/Elle a reservé une chambre dans un hôtel boulevard Raspail, en face du boulevard Saint-Germain. Ecris-lui une carte postale pour lui expliquer comment aller de son hôtel à l'Opéra. **Answers will vary. Possible answer:**

Salut, Carla! Pour aller à l'Opéra de ton hôtel, prends le boulevard Raspail jusqu'au pont de la Concorde. Traverse le pont et la place de la Concorde. Traverse la rue du Faubourg Saint-Honoré et prends le boulevard des Capucines. L'Opéra est sur la gauche.

Carla Grant
1000 Congress Ave.
Austin, TX 78755
U.S.A.

LISONS!

24 Maison à vendre Lis l'annonce, puis réponds aux questions suivantes. **Answers will vary. Possible answers:**

UNE RAVISSANTE DEMEURE

Charmante maison de campagne à vendre avec premier étage mansardé. Située en Ile-de-France, à 45 mn de Paris, en dehors du village pittoresque de La Grande Paroisse, cette maison moderne et récente vous apportera joie et confort. Surface habitable : 300 m2. Terrain : 1000 m2.

Extérieur : jardin agréable entouré d'une clôture grillagée, fleuri en été. Pelouse verte. Terrasse et portes vitrées protégées par de grands volets en bois. Grand escalier de pierre menant au rez-de-chaussée.

Intérieur : hall d'entrée avec coin rangement. Grande cuisine aménagée avec frigidaire, lave-vaisselle et cuisinière à gaz. Salle à manger spacieuse avec portes vitrées à petits carreaux donnant sur la terrasse, arcade décorative séparant la salle à manger du salon, coin cheminée, fenêtre donnant sur le jardin. Salle de travail avec étagères encastrées dans le mur. Couloir entre la cuisine et la salle à manger avec placards à vêtements. Toilettes dans le couloir. Salle de bains aménagée avec baignoire, machine à laver et sèche-linge.

Premier étage : Trois chambres avec placards. Toilettes et douche séparées. Coin grenier. Garage en sous-sol accessible par une grande allée de gravier. Cellier et porte arrière donnant sur le jardin.

Prix de vente : 850.000 F toutes taxes comprises.

1. Where is this house located?

   In Ile-de-France, 45 minutes from Paris

2. Is this an old house?

   No, it's modern.

3. How many floors does this house have?

   Two

4. How many bedrooms are there?

   Three

5. What are some features you will find in the kitchen?

   refrigerator, dishwasher, and gas stove

6. Would this house be suitable for a family with children? Why or why not?

   Yes; Because it has a nice yard and it's in the country

CHAPITRE 2 Lisons!

PANORAMA CULTUREL

25 L'habitat français

a. Answer the following questions in English. **Answers may vary. Possible answers:**

1. One of your friends is going to France to visit a pen pal. What are three or four differences he or she might expect to find in French houses?

The first floor is called "le rez-de-chaussée," not "le premier étage."

Toilets are often in a separate room.

Doors are usually closed.

There is usually only one television in the house.

2. In what ways might your French pen pal's bedroom be different from yours? Mention three or four differences.

no closet

no phone in the room

a strange, long pillow on the bed

b. Your classmate Priscilla is spending a semester in France. Read the note that she wrote to you. Then answer the questions below. **Answers may vary. Possible answers:**

My host family's house is really nice. I've told them how much I like everything, but they seem to think I'm being insincere. Every time I compliment something in their house, they answer with something like "Tu trouves?" or "C'est vrai?" Why don't they believe my compliments?

Love,

Priscilla

1. Is Priscilla correctly interpreting her host family's reaction to her compliments? Why or why not?

No. Even when French people are happy to receive compliments, they tend to downplay them, whereas Americans tend to say "thank you."

2. What are some expressions that Priscilla should use to respond to any compliments she receives while she's in France?

Tu trouves? C'est vrai? Vraiment?

Nom ______________________ Classe ____________ Date ____________

Un repas à la française

MISE EN TRAIN

1 Bon appétit! Martin is preparing for his first dinner with his host family. Complete each of his conversations by circling the letter of your choice.

1. (a.) Je voudrais une tarte aux pommes, s'il vous plaît. C'est combien?
   b. C'est délicieux!
   c. Je voudrais un kilo de pommes de terre, s'il vous plaît.

2. a. C'est une surprise.
   (b.) Pourquoi est-ce que tu ne lui achètes pas des fleurs?
   c. Ça fait combien?

3. a. On peut en acheter.
   (b.) Oui, je veux bien.
   c. Bon appétit.

Nom ______________________ Classe ______________ Date ______________

PREMIERE ETAPE

2 A l'épicerie Que dit-on dans les situations suivantes? **Answers may vary. Possible answers:**

1. Tu veux savoir le prix des pommes. Que dis-tu?
   Combien coûtent les pommes?
2. Le vendeur veut savoir combien de tomates tu veux. Que dit-il?
   Combien en voulez-vous?
3. Tu as besoin d'un kilo de bananes. Que dis-tu au vendeur?
   Je voudrais un kilo de bananes, s'il vous plaît.
4. Ton ami veut savoir le prix total de ses achats. Que dit-il au vendeur?
   Ça fait combien?

3 Le marché Imagine the conversation that is taking place between the people in the photo below. **Answers will vary. Possible answer:**

Ça fait combien?
Je vais prendre...
C'est tout?
Je voudrais...
Combien coûte/coûtent... ?
Combien en voulez-vous?

— Pardon, madame. Combien coûtent les carottes?
— 3F50 le kilo. Combien en voulez-vous?
— Un kilo, s'il vous plaît.
— C'est tout?
— Non, je vais prendre un kilo de tomates aussi. Ça fait combien?
— Ça fait 6F75.

4 On en a... ? You and your friend Céline are preparing a dinner for a few friends. As she writes the shopping list, she asks you about certain items. Answer her questions, using the cues in parentheses and the pronoun **en**. **Answers may vary. Possible answers:**

Example: — Est-ce qu'il faut du lait? (pas besoin)
— Non, on n'en a pas besoin.

1. — On a du pain? (oui)
   — Oui, on en a.
2. — Est-ce qu'on a du jambon? (non)
   — Non, on n'en a pas.
3. — On achète des ananas? (non)
   — Non, on n'en achète pas.
4. — Est-ce qu'il faut du fromage? (pas besoin)
   — Non, on n'en a pas besoin.

5 Faisons des courses! You're shopping at an **épicerie** with your friend Antoine. Antoine is asking the **épicier,** M. Dulac, for the items he needs. Complete their conversation logically, with an expression using **en. Answers will vary. Possible answers:**

— Combien coûtent les pommes?

— Trois francs le kilo. **Vous en voulez** ?

— Oui, **je vais en prendre trois kilos**, s'il vous plaît.

— Et avec ça?

— Des fraises, s'il vous plaît.

— **Combien en voulez-vous** ?

— Quatre kilos, s'il vous plaît. J'ai aussi besoin de confiture.

Vous en avez ?

— Désolé, **je n'en ai pas** aujourd'hui.

6 Devinettes Can you solve the following riddles? What foods do they suggest? **Answers may vary. Possible answers:**

1. On me sert comme plat principal, mais je ne suis ni un poisson, ni un légume. Je suis **de la viande**.
2. On me fait avec du lait et du chocolat. On me boit chaud, souvent le matin. Je suis **du chocolat chaud**.
3. On me sert à la fin du repas, avant le dessert. Je suis très populaire en France. Quelquefois, je m'appelle brie ou camembert. Je suis **du fromage**.
4. On m'achète à la boulangerie. Les Français adorent me servir au petit déjeuner. Je suis **un croissant**.
5. Je vis *(live)* dans la mer. Je suis petite et rose et je suis très bonne à manger! Je suis **une crevette**.

7 Maintenant, à toi! Ecris une devinette *(riddle)*. N'oublie pas de donner la réponse. **Answers will vary.**

8 Faisons les courses! Write the French name for each of these foods under the name of the shop where you would expect to find it. Then add another food you would expect to find in each shop. **Answers may vary. Possible answers:**

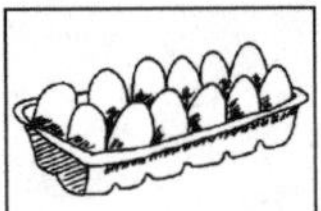   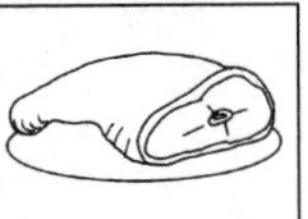 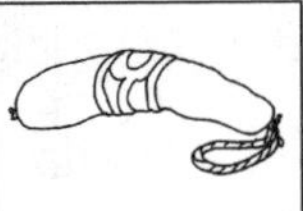 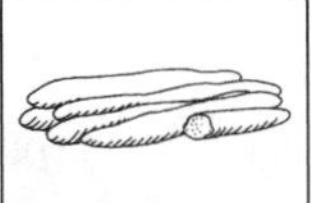

LA CHARCUTERIE	LA BOULANGERIE	LA CREMERIE	LA BOUCHERIE
du jambon	**des baguettes**	**des œufs**	**du poulet**
du saucisson	**des croissants**	**du fromage**	**du bifteck**
du pâté	**du pain**	**du lait**	**un rôti de bœuf**

9 Les petits commerçants What do you call the different shops and shopkeepers in French? Fill in the blanks in this chart.

Le magasin	Les commerçant(e)s	
la **pâtisserie**	le pâtissier	la pâtissière
la charcuterie	le charcutier	la **charcutière**
la crémerie	le **crémier**	la crémière
la boulangerie	le **boulanger**	la boulangère
la **boucherie**	le boucher	la bouchère

10 Un après-midi occupé Michel's going shopping this afternoon and he doesn't have much time. Help him plan his afternoon by writing which store he needs to go to in order to buy each item on his list. **Answers may vary. Possible answers:**

une baguette
le nouveau livre de Stephen King
un rôti de bœuf
un kilo d'oranges
un litre de lait
un cadeau pour l'anniversaire de Nicole
du saucisson
une tarte aux abricots

Tu vas...	Tu y achètes...
à la boulangerie.	**une baguette.**
à la pâtisserie.	**une tarte aux abricots.**
à la boutique de cadeaux.	**un cadeau pour l'anniversaire de Nicole.**
à la librairie.	**le nouveau livre de Stephen King.**
au marché.	**un kilo d'oranges.**
à la crémerie.	**un litre de lait.**
à la charcuterie.	**du saucisson.**
à la boucherie.	**un rôti de bœuf.**

DEUXIEME ETAPE

11 Pour quel repas? Madame Riard is preparing the menus for Saturday and Sunday. Which dishes are for breakfast and which are for lunch or dinner? **Answers may vary. Possible answers:**

a. petit déjeuner **b.** déjeuner ou dîner

1. __b__ omelette au fromage, frites
2. __a__ café au lait
3. __b__ saucisson sec
4. __b__ salade verte
5. __a__ croissant, beurre, confiture
6. __b__ poulet, haricots verts
7. __b__ plateau de fromages
8. __a__ céréales
9. __b__ tarte aux abricots
10. __b__ fruits

12 Les repas français Ton ami(e) français(e) t'explique ce que les Français mangent. Complète les phrases avec le vocabulaire qui convient. **Answers may vary. Possible answers.**

En France, on prend trois repas. Pour le petit déjeuner, on mange **des tartines** ou **des croissants** et on boit **un chocolat chaud** ou **un café au lait**. Pour le déjeuner, on commence par **l'entrée**. Ensuite on sert **le plat principal** suivi d'une salade verte. A la fin du repas, on prend **du fromage**. Pour **le dessert**, on prend souvent un fruit. Le soir, on ne mange pas beaucoup. Pour le dîner, moi, j'achète souvent du saucisson ou **du jambon** à la charcuterie ou bien des œufs à la crémerie pour faire **une omelette**. Comme boissons, je préfère **de l'eau minérale** ou **un jus de fruit**.

13 Méli-mélo! Julie has invited her friend Aïssata to dinner. Unscramble their conversation by numbering the lines in the correct order.

__2__ — Oui, je veux bien. Il est délicieux!

__4__ — Tu pourrais me passer le pain aussi?

__1__ — Encore du poulet?

__3__ — C'est gentil.

__6__ — Merci. Ça va.

__5__ — Voilà. Tu veux encore des frites?

14 A table You're having dinner with your French family. As they offer you food or a beverage, accept some and politely refuse others. If you accept a second helping, compliment the dish! **Answers will vary. Possible answers:**

1. — Tu veux encore de l'eau minérale?
   — Merci. Ça va.
2. — Encore du pâté?
   — Oui, je veux bien. Il est bon!
3. — Tu veux encore du poulet?
   — Oui. Il est délicieux.
4. — Encore des épinards?
   — Non merci. Je n'ai plus faim.

15 Une rédaction Joanne is writing an essay about what she likes to order when she goes out to eat. Complete her description with the correct partitive article: **du, de la, de l', des,** or **de.**

Moi, ce que j'aime surtout, c'est aller manger au restaurant. Quand j'y vais, je choisis d'abord l'entrée. En général, je prends une assiette de crudités ou **de la** *soupe. Je ne mange jamais* **de** *viande, alors comme plat principal, je commande souvent* **du** *poisson ou* **des** *fruits de mer. Ce que je préfère, c'est les crevettes. J'adore aussi les légumes. Au restaurant, on sert souvent* **des** *pommes de terre, mais d'habitude, je prends* **des** *haricots verts ou* **des** *épinards. Ce que je n'aime pas comme légume, c'est le chou-fleur. Après, il y a* **de la** *salade, mais je n'en prends pas parce que je n'aime pas trop ça. Pour finir, je prends toujours un dessert. J'adore les pâtisseries, mais parfois je prends plutôt* **de la** *glace.*

16 Au café You're interviewing some French people about their eating habits. Unfortunately, the background noise is so loud you can't hear every word. Fill in your notes below with the correct form of the partitive article or the indefinite article.

1. Je vais à la pâtisserie pour acheter **une** tarte aux fraises.
2. Quand je passe à la crémerie, j'achète **des** œufs et **du** lait.
3. Pour le dîner, je vais faire **des** œufs avec **du** jambon et **du** fromage.
4. Ce soir, je prépare **du** poulet et **des** haricots verts.
5. Pour le goûter, j'adore prendre **un** pain au chocolat et **du** chocolat chaud.

17 Dis-moi ce que tu manges... You're doing some research about French eating habits for your health class. How might the French exchange student Julien respond to your questions? **Answers will vary. Possible answers:**

1. Qu'est-ce qu'on prend au petit déjeuner?
   des croissants et un café
2. Qu'est-ce qu'on prend au déjeuner?
   du poulet, une salade, du fromage, un fruit
3. Qu'est-ce qu'on mange au dîner?
   une omelette ou un sandwich

18 Cher copain (Chère copine) Maintenant, utilise les expressions ci-dessous pour écrire une lettre à ton/ta correspondant(e) à propos de ce que tu aimes manger en général. **Answers will vary. Possible answer:**

mais — et — d'habitude — quelquefois — ne... jamais — toujours

Je prends toujours mon petit déjeuner vers sept heures et demie. D'habitude, je prends des céréales avec du lait, une banane et du jus d'orange. Vers midi et demi, je déjeune. Pour le déjeuner, je prends un sandwich, un coca et un fruit. Quelquefois, je prends de la soupe et une salade. Ma mère prépare le dîner vers six heures et demie. Je dîne dans le salon, devant la télévision. D'habitude, je mange du poulet avec des pommes de terre ou des légumes, mais quelquefois, je mange des spaghettis ou de la pizza. Je ne mange jamais de bœuf. J'adore les desserts et souvent, j'en mange au dîner.

19 Vous avez choisi? You're going to a traditional French restaurant for dinner. Tell what you're going to have for each course of the meal. **Answers will vary. Possible answer:**

ENTRÉE
Soupe à l'oignon
Escargots
Jambon fumé
Artichaut à la vinaigrette
PLAT PRINCIPAL
Poulet à la crème
Saumon sauce hollandaise
Côtelettes de porc grillées
LÉGUME
Carottes au beurre
Pommes frites
Petits pois au jambon
SALADE VERTE
FROMAGE
ou
DESSERT
Tarte aux fraises
Glace (au chocolat, à la vanille)
Service 15% Compris

Comme entrée, je vais prendre **de la soupe à l'oignon. Comme plat principal, je vais prendre des côtelettes de porc grillées avec des pommes frites. Après, je vais prendre une salade verte. Je vais boire de l'eau minérale. Comme dessert, je voudrais de la tarte aux fraises.**

CHAPITRE 3 Deuxième étape

TROISIEME ETAPE

20 Qu'est-ce qu'on offre? You're shopping for gifts for several of your friends and you're asking your brother for advice on what to buy. Place each snippet of your conversation in the appropriate category.

Bonne idée! Ce n'est pas son style.
Tu as une idée de cadeau pour Léa? Qu'est-ce que je pourrais offrir à Joël?
Tu as raison... Offre-lui une montre. Un roman, peut-être.
Tu pourrais leur offrir des chocolats.
C'est original. C'est banal. C'est trop cher.

Asking for advice	*Accepting advice*
Tu as une idée de cadeau pour Léa?	**Bonne idée!**
Qu'est-ce que je pourrais offrir à Joël?	**C'est original.**
	Tu as raison...

Giving advice	*Rejecting advice*
Offre-lui une montre.	**C'est trop cher.**
Tu pourrais leur offrir des chocolats.	**C'est banal.**
Un roman, peut être.	**Ce n'est pas son style.**

21 Qu'est-ce que je fais? Michèle is asking her friend Paul for advice about what to buy her friends and family for the holidays. Complete their conversation with **lui** or **leur.**

1. — Qu'est-ce que je pourrais offrir à ma meilleure amie?

   — Tu pourrais **lui** offrir un pull-over.
2. — Tu as une idée de cadeau pour mes frères?

   — Offre-**leur** des tee-shirts.
3. — Tu as une idée de cadeau pour ma mère?

   — Offre-**lui** une écharpe.
4. — Qu'est-ce que je vais offrir à mon père?

   — Offre-**lui** un portefeuille.
5. — Qu'est-ce que je pourrais offrir à mon grand-père?

   — Tu pourrais **lui** offrir des gants.
6. — Je ne sais pas quoi offrir à mes copains. Tu as une idée?

   — Offre-**leur** des livres.
7. — Qu'est-ce que je vais offrir à mon prof de français?

   — Tu pourrais **lui** offrir un roman.

22 Que choisir? Accept or reject these gift suggestions. If you reject a gift suggestion, give a reason and tell what you're going to buy instead. **Answers will vary. Possible answers:**

1. Tu peux offrir des fleurs à ton petit frère Philippe.
   Ce n'est pas son style. Je vais lui offrir des baskets.
2. Tu pourrais offrir des baskets à ta sœur Marion.
   Bonne idée!
3. Pour ton ami, une télévision peut-être.
   Mais non! C'est trop cher. Je vais lui offrir un portefeuille.
4. Offre une cravate à ton père.
   C'est banal. Je vais lui offrir un pull-over.
5. Tu pourrais offrir un appareil-photo à ta grand-mère.
   Oui, c'est original.

23 Quel cadeau? Quel cadeau est-ce que tu achètes à... **Answers will vary. Possible answers:**

1. quelqu'un qui adore le chocolat?
   une boîte de chocolats
2. quelqu'un qui a un grand jardin plein de fleurs?
   un vase
3. quelqu'un qui prend toujours des photos?
   un cadre
4. quelqu'un qui aime porter des vêtements très chic?
   un foulard
5. quelqu'un qui fait souvent du sport?
   des baskets
6. quelqu'un qui aime écouter de la musique?
   une cassette

24 Tu as une idée? Monique isn't sure what gifts to get for her friends and family, so she asks your advice. Give advice according to the information she gives you. **Answers may vary. Possible answers:**

— Tu as une idée de cadeau pour mon père? Il aime jouer au basket-ball et il fait du jogging.
— **Offre-lui des baskets.**

— Et ma mère? Qu'est ce que je pourrais lui offrir? Elle aime les fleurs et elle adore travailler dans le jardin.
— **Tu pourrais lui offrir un vase.**

— Tu as une idée de cadeau pour mon oncle?
— **Tu pourrais lui offrir un portefeuille.**

— Et pour ma tante? Elle est toujours très chic.
— **Offre-lui un foulard.**

— Qu'est-ce que je pourrais offrir à mes cousins? Ils sont tous très sportifs.
— **Offre-leur des sweat-shirts.**

25 La récompense You just received a reward of $100 for returning a wallet you found to its rightful owner. You're feeling generous, so you've decided to buy presents with it. Choose three friends or family members and tell, in French, what you will buy them with your reward money. **Answers will vary.**

26 Les cartes de vœux You've received these cards from your French pen pal over the last year. What message did he write on each one?

Joyeux Noël!	**Bonne route!**	**Bonne année!**	**Bon anniversaire!**

27 Quelle occasion?

a. What would you tell each person on the following occasions?

1. C'est le jour du mariage de ta sœur. **Meilleurs vœux!**
2. Ton ami(e) est malade. **Bon rétablissement!**
3. C'est l'anniversaire de ta grand-mère. **Joyeux (Bon) anniversaire!**
4. C'est la fête des Mères. **Bonne fête!**
5. Ton cousin part pour la Martinique. **Bon voyage!**

b. Now choose one of the occasions above and create a card for that occasion in the space provided. **Answers will vary.**

Nom ______________________ Classe ______________ Date ______________

LISONS!

28 Qui êtes-vous à table?

a. Do you think you follow a healthful diet or do you have some bad eating habits? Take the test below, calculate your score, and then read the results. **Answers will vary.**

Ce qu'on aime manger révèle notre personnalité. Fais ce test pour voir si tu es un(e) vrai(e) gourmand(e), un gourmet ou une personne qui fait attention à ce qu'elle mange.

1. Même si tu n'as pas vraiment faim, tu ne peux pas résister quand on t'offre :
- **a.** Des chips, des cacahuètes et de la glace.
- **b.** Un morceau de tarte que ta mère a faite.
- **c.** Une grande salade avec plein de légumes variés.

2. Tu invites des amis chez toi :
- **a.** Seulement si tu vas préparer un bon repas.
- **b.** Souvent pour un hamburger ou une pizza.
- **c.** Rarement. Tu manges surtout des fruits et des légumes et tes amis n'aiment pas ça.

3. Tu aimes faire la cuisine :
- **a.** Jamais. Tu préfères acheter des plats tout prêts.
- **b.** Parfois, quand tu as envie d'essayer une nouvelle recette.
- **c.** Souvent. Tu veux être sûr(e) que ce que tu manges est bon pour toi.

4. Quand tu trouves que tu grossis :
- **a.** Tu manges seulement trois petits repas par jour.
- **b.** Tu arrêtes de manger des desserts.
- **c.** Tu ne finis plus complètement ton assiette et tu ne te ressers plus.

5. Au restaurant, tu commandes :
- **a.** Une entrée, un plat et deux desserts.
- **b.** Un plat que tu n'as jamais mangé mais qui a l'air délicieux.
- **c.** Une salade, du poisson, des légumes et un fruit.

6. Quand tu es triste, tu :
- **a.** Ne manges pas plus que d'habitude.
- **b.** Vas chercher à manger dans le frigo toutes les dix minutes.
- **c.** Essaies de faire une nouvelle recette pour te changer les idées.

Résultats :

Questions	a	b	c
1	3	2	1
2	2	3	1
3	3	2	1
4	2	1	3
5	3	2	1
6	1	3	2

De 6 à 9 points : Tu aimes manger, mais tu fais attention à ce que tu manges. Tu aimes beaucoup de choses, surtout les fruits et les légumes et tu sais ce qui est bon pour la santé. Bravo!

De 10 à 16 points : Tu es un gourmet : tu apprécies les bonnes choses. Tu aimes aller au restaurant. Tu n'aimes pas manger toujours la même chose; tu préfères goûter plusieurs plats que tu n'as jamais essayés.

Plus de 16 points : Tu es un(e) vrai(e) gourmand(e) : tu adores manger. Tu manges tout ce que tu veux, quand tu veux. Tu aimes ce qui est sucré, surtout les gâteaux. Fais quand même attention à ta ligne!

b. Do you agree with your results? Why or why not? What should you eat more or less of to improve your diet? **Answers will vary.**

____

____

____

____

____

Nom_______________ Classe_______________ Date_______________

PANORAMA CULTUREL

29 A la française If you were eating a meal at a French home, in what order would you expect these things to occur? Number the steps in the correct order.

3 On mange le plat principal.
6 On prend le dessert.
4 On mange la salade.
2 On mange l'entrée.
1 On prépare le repas.
5 On mange le fromage.

30 Le nouveau menu Your French class is serving an authentic French meal as a fund-raiser. Some of your classmates have prepared the menu. Check it to make sure that everything is in the proper category. Cross out any misplaced items and write them under the correct course.

ENTREES	PLATS PRINCIPAUX	DESSERTS
Carottes râpées	Lapin à la moutarde	Crème caramel
Salade niçoise	Canard à l'orange	Glace
Sardines à l'huile	~~Pouding canadien~~	Tarte aux fruits
Assiette de crudités	Steak au poivre	Mousse au chocolat
~~Soufflé au chocolat~~	Sole meunière	Gâteau au chocolat
~~Poulet-frites~~	~~Pâté de campagne~~	~~Filet de bœuf~~
Salade de tomates	~~Œuf dur mayonnaise~~	Abricots à la crème
Escargots	**Poulet-frites**	**Soufflé au chocolat**
Œuf dur mayonnaise	**Filet de bœuf**	**Pouding canadien**
Pâté de campagne		

31 Vive les différences! Your friend Kim has been invited to dinner by a French family that has recently moved in next door. What are three or four cultural differences that she might want to know about before she goes? **Answers will vary. Possible answers:**

To be considered polite, she should bring a gift.
She should avoid asking about adults' ages or professions.
Dinner won't be served immediately.
She should expect the meal to last longer than an American dinner would last.
She should not offer chrysanthemums as a gift.

Nom ________________ Classe ____________ Date ____________

CHAPITRE 4

Sous les tropiques

MISE EN TRAIN

1 Le concours Help Agnès, Jean-Philippe, Stéphane, and Lisette organize their reports by choosing the topic of each of these sentences. **Answers may vary. Possible answers:**

b 1. Il y a toujours un peu de pluie.
c 2. Le soir, on apprend les leçons.
d 3. Parfois, on aide les parents au travail.
a 4. La mer, le sable, les cocotiers, l'eau couleur turquoise...
d 5. On aime bien se balader ensemble.
a 6. Plus vers le nord, c'est la jungle tropicale avec ses arbres immenses...
b 7. C'est l'éternel printemps chez nous; il fait toujours beau, chaud même parfois.
e 8. La Martinique est un paradis pour les pêcheurs.

a. La nature
b. Le temps
c. La vie des jeunes
d. La vie en famille
e. La vie près de la mer

2 La rédaction Choose the appropriate words and phrases from **Un concours photographique** to complete these sentences.

plus qu' | le soleil | s'amuser | c'est pour ça | de bonne heure | au travail | il y a | la mer | le climat | l'île aux fleurs | les arbres | des jeux de société

La Martinique était autrefois appelée Madinina, **l'île aux fleurs**. Il y fait beau, mais **il y a** toujours un peu de pluie. **C'est pour ça** que notre île est si verte toute l'année. La Martinique, c'est **plus qu'** un paradis pour les touristes. Pour les pêcheurs aussi, c'est un paradis parce que **la mer** est toujours bleue et **le climat** est doux. Ici, les jeunes ont beaucoup de travail à l'école. Parfois, on aide les parents **au travail**. On aime bien jouer à **des jeux de société** ou se balader ensemble. D'habitude, on se couche de bonne heure, mais on a toujours le temps de **s'amuser**. Pour nous, la Martinique... c'est chez nous!

Nom ______________________ Classe ______________ Date ______________

PREMIERE ETAPE

3 Chasse l'intrus Cross out the word in each group that doesn't belong according to meaning.

1. un bananier
   ~~un ananas~~
   un cocotier
   un palmier
2. nord
   ouest
   sud
   ~~capitale~~
3. la mer
   ~~la limonade~~
   la chute d'eau
   la plage
4. charmant
   ~~pénible~~
   vivant
   coloré
5. ~~une carotte~~
   un ananas
   une banane
   une noix de coco
6. le volcan
   la forêt tropicale
   ~~l'avenue des Champs-Elysées~~
   les champs de canne à sucre

4 Le casse-tête

a. In the puzzle below, find and circle ten items you would expect to see in a brochure about Martinique. Words may read horizontally, vertically, or diagonally, and from left to right or right to left.

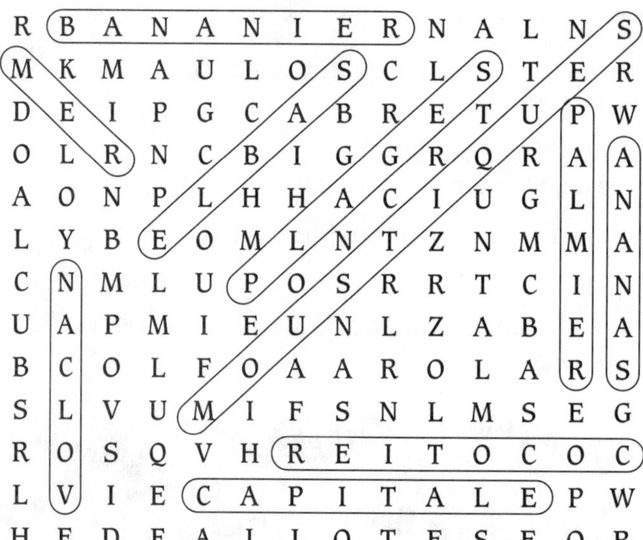

R B A N A N I E R N A L N S
M K M A U L O S C L S T E R
D E I P G C A B R E T U P W
O L R N C B I G G R Q R A A
A O N P L H H A C I U G L N
L Y B E O M L N T Z N M M A
C N M L U P O S R R T C I N
U A P M I E U N L Z A B E A
B C O L F O A A R O L A R S
S L V U M I F S N L M S E G
R O S Q V H R E I T O C O C
L V I E C A P I T A L E P W
H E D F A J I O T E S E O R

b. Now use the words you found in the puzzle to complete these sentences.

1. La **mer** des Caraïbes entoure la Martinique.
2. On trouve des bananes sur un **bananier**.
3. La Montagne Pelée est un **volcan**.
4. Sur une île tropicale, il y a beaucoup d'insectes, surtout des **moustiques**.
5. Sur la plage de Saint-Pierre, le **sable** est noir.
6. L' **ananas** est un fruit tropical.
7. Fort-de-France est la **capitale** de la Martinique.
8. Le **palmier** est un arbre.
9. La Martinique a beaucoup de belles **plages**.
10. On trouve des noix de coco sur un **cocotier**.

5 La chasse au trésor During an archaeological dig in Martinique you unearthed this journal written by a French colonist. Time has erased certain words. See if you can fill in the blanks with the correct words.

de d' du de la des

le 6 juillet 1734

Je viens juste de débarquer. Cette île est vraiment magnifique : il y a **des** *fleurs de toutes les couleurs,* **de** *belles plages de sable fin et* **de** *merveilleuses forêts qui abritent* **des** *oiseaux tropicaux par milliers. Il y a aussi* **des** *villes charmantes. La ville de Saint-Pierre offre* **de** *nombreuses attractions et les voyageurs aiment venir s'y amuser. J'ai entendu dire qu'au fond de la mer des Caraïbes, on peut trouver* **d'** *incroyables trésors, mais il faut faire attention parce que* **de** *dangereux pirates essaient aussi de découvrir ces trésors. En plus, de ma maison il y a une superbe vue* **de la** *mer. J'ai déjà rencontré* **des** *gens très sympathiques qui vivent ici depuis* **de** *nombreuses années et qui ne regrettent pas un instant d'être venus ici.*

6 C'est comment, la Martinique? How much have you learned so far about the geography of Martinique? See if you can put together these sentences to paint an accurate picture of Martinique.

1. Elle est moins grande que **d**.
2. Dans le nord, il y a **a**.
3. Dans le sud, il y a **c**.
4. La capitale, Fort-de-France, se trouve **e**.
5. La Martinique est située dans **b**.

a. la Montagne Pelée et la forêt tropicale
b. la mer des Caraïbes
c. de très belles plages
d. la France
e. dans l'ouest

7 La géo Your French pen pal's family is thinking of spending their vacation in either California or Texas. Your pen pal has written to ask you several questions about these states. **Answers may vary. Possible answers:**

1. Qu'est-ce qu'il y a à voir en Californie? **Dans le nord, il y a une forêt avec des arbres immenses. Dans le nord-ouest, il y a Alcatraz et San Francisco. Dans le sud, il y a le zoo de San Diego, Disneyland® et Hollywood.**
2. Est-ce qu'il y fait froid? **Dans le nord, il fait froid en hiver. D'habitude, il fait chaud dans le sud.**
3. C'est comment, la Californie? **C'est moins grand que le Texas.**
4. Qu'est-ce qu'il y a à voir au Texas? **Dans le sud, il y a de belles plages. Dans l'ouest, il y a des montagnes. A San Antonio, il y a l'Alamo. A Houston, il y a l'Astrodome® et Astroworld®.**
5. Est-ce qu'il y fait toujours chaud? **Il y fait très chaud en été. En hiver, il fait froid dans le nord.**
6. C'est comment, le Texas? **Le Texas est très grand. C'est aussi très coloré et très vivant.**

8 Mon île imaginaire

a. Create your own island. You can place it anywhere in the world you wish. Draw a map of it on a separate sheet of paper. Show the compass points and label any important geographical features. You might use the map of Martinique on page 88 of your textbook as a model.

b. Now answer these questions about your island. **Answers will vary. Possible answers:**

1. Comment s'appelle ton île?
   Bohacia
2. Où se trouve ton île?
   dans l'océan Pacifique
3. C'est plus grand/petit que quoi?
   plus grand qu'Oahu, plus petit que Hawaii
4. Elle est comment, ton île?
   Elle est magnifique.
5. Il y fait chaud ou froid?
   Il y fait beau et chaud. Quelquefois, il fait frais.
6. Qu'est-ce qu'il y a à voir là-bas?
   des montagnes, la mer, des arbres, le sable blanc
7. Qu'est-ce qu'il y a à faire sur ton île?
   de la natation, du ski nautique, du vélo, de la randonnée, de la voile

c. Write a short description of your ideal island for a travel brochure. **Answers will vary. Possible answer:**

Bohacia est une très belle île. Ça se trouve dans l'océan Pacifique, pas loin de Hawaii. C'est plus grand qu'Oahu, mais c'est moins grand que Hawaii. Il y fait toujours beau. Il fait chaud le jour et frais le soir. Dans le nord, il y a des montagnes et une forêt avec de grands arbres. Dans le sud, il y a de belles plages de sable blanc. A Bohacia, on peut faire du ski nautique, de la voile et du vélo. On peut aller à la plage et nager. On peut aussi faire des randonnées. Bohacia est une île vivante et charmante!

DEUXIEME ETAPE

9 Renseignements variés If you were looking at a travel brochure, in which category would you expect to find each of the following?

__e__ 1. plongée sous-marine, pêche
__b__ 2. fruits tropicaux, boudin créole
__d__ 3. poisson, crabe, corail
__a__ 4. pluie de novembre à mars
__c__ 5. maillot de bain, short, tee-shirt
__e__ 6. planche à voile, deltaplane
__c__ 7. manteau chaud, pull, bottes
__b__ 8. salades, poisson
__d__ 9. palmiers, cocotiers
__a__ 10. beau temps, peu de pluie

a. Climat
b. Cuisine
c. Conseils vestimentaires (vêtements)
d. Flore et faune (animaux, arbres, fleurs)
e. Activités

10 Au magasin de sport Au magasin de sport, tu rencontres beaucoup de gens qui achètent des articles de sport. Dis ce que les gens vont faire pendant leurs vacances.

1. L'homme blond à droite **va faire de la planche à voile.**
2. La femme aux cheveux longs **va faire de la plongée avec un tuba.**
3. Le petit garçon **va se baigner.**
4. La fille en short **va aller à la pêche.**
5. L'homme qui est grand **va se promener.**
6. Les Martin **vont faire de la plongée sous-marine.**

11 Méli-mélo Patrick is visiting his friend Agnès in Martinique for the first time. Put their conversation in the correct order by numbering the lines.

4 AGNES Il y a la bibliothèque Schœlcher, la Savane, le fort Saint-Louis et la cathédrale Saint-Louis.

7 PATRICK Formidable! Allons-y!

1 PATRICK Qu'est-ce qu'on pourrait faire demain?

6 AGNES Alors, si on allait à la plage?

3 PATRICK Qu'est-ce qu'il y a à voir là-bas?

2 AGNES Ça te dit d'aller visiter Fort-de-France?

5 PATRICK Tu sais, ce qui me plaît, c'est faire de la plongée sous-marine et de la planche à voile.

12 Qu'est-ce qu'on pourrait faire aujourd'hui? Accepte ou refuse les suggestions de ton ami(e). Si tu refuses, dis pourquoi. Sois poli(e) et accepte au moins une suggestion. **Answers may vary. Possible answers:**

1. — Ça te dit d'aller voir le nouveau film de Gérard Depardieu?
   — Non. Je préfère aller à la plage.
2. — On peut se promener dans la forêt tropicale.
   — Bof. C'est banal.
3. — Tu veux déguster des fruits tropicaux?
   — Non. Je n'ai pas faim.
4. — On pourrait aller à la pêche aux crabes.
   — Ça ne me dit rien.
5. — Si on faisait de la plongée sous-marine?
   — C'est une bonne idée.

13 Le voyage d'Annick Your French friend Annick is going to visit her cousin André in Martinique. While you're helping Annick pack, André calls to suggest some activities. According to Annick's answers, what activities do you think André suggested? **Answers may vary. Possible answers:**

— **Si on allait déguster des fruits tropicaux?**

— Ça ne me dit rien. Je n'aime pas trop les fruits.

— **Si on allait danser le zouk?**

— Je veux bien. J'aime danser et j'adore la musique martiniquaise.

— **On peut aller nager.**

— Bonne idée. J'ai un nouveau maillot de bain.

— **Ça te dit d'aller à la pêche?**

— Non. C'est barbant!

— **On peut faire de la plongée avec un tuba.**

— Bonne idée. Je vais prendre mon masque.

14 Qu'est-ce qui lui plaît? Qu'est-ce que Robert aime faire? Qu'est-ce qu'il n'aime pas faire? Comment est-ce qu'il complèterait les phrases ci-dessous? **Answers may vary. Possible answers:**

1. **Ce que j'aime**, c'est faire de la plongée avec un tuba, faire du vélo et me promener.
2. **Ce qui me plaît**, c'est jouer au tennis et au foot.
3. **Ce que je préfère**, c'est écouter du zouk.
4. **Ce que je n'aime pas**, c'est aller à la pêche et faire des photos.

15 Ça te dit? Create a conversation between José and Jocelyne in which they tell each other what they like to do and make suggestions about what to do for the weekend, according to the illustrations below. Finally, they agree on something to do. **Answers will vary. Possible answer:**

José

Jocelyne

— Qu'est-ce qu'on peut faire ce week-end, José?

— Ça te dit de faire du deltaplane?

— Non. Ce que je préfère, c'est faire de la planche à voile ou me promener. Et toi?

— Moi, j'aime écouter de la musique zouk et aller à la pêche.

— Si on allait faire de la plongée?

— Bonne idée.

TROISIEME ETAPE

16 La routine Create five sentences about what your friend Lucien is going to do next weekend. Use elements from the columns below. **Answers may vary. Possible answers:**

enfin		se lever
ensuite		préparer le petit déjeuner
et puis	Lucien	se laver
d'abord		se brosser les dents
après ça		se coucher
finalement		faire la vaisselle
		s'habiller
		manger
		se promener

D'abord, Lucien va se lever très tard.

Ensuite, il va se brosser les dents.

Et puis, il va se laver.

Après ça, il va préparer le petit déjeuner.

Finalement, il va se promener au parc.

17 Mots emmêlés Unscramble these sentences Albert used to describe his daily routine.

1. j' / école / promener / la / me / sur / après / aime / plage / l'
   Après l'école, j'aime me promener sur la plage.
2. habille / et / je / puis / m'
   Et puis, je m'habille.
3. me / heures / vers / sept / je / lave / et / demie
   Vers sept heures et demie, je me lave.
4. vers / neuf / je / heures / couche / finalement / me
   Finalement, je me couche vers neuf heures.
5. je / matin / à / d'abord / me / lève / heures / du / sept
   D'abord, je me lève à sept heures du matin.
6. mon / ensuite / lycée / je / vais / petit déjeuner / et / je / au / prends
   Ensuite, je prends mon petit déjeuner et je vais au lycée.

18 A sept heures du matin Tout le monde est occupé chez Arlette. Qu'est-ce qu'ils font? Complète chaque phrase en utilisant la forme correcte des verbes entre parenthèses.

1. Ses parents **s'habillent**. (s'habiller)
2. Son frère **se brosse** les dents. (se brosser)
3. Ses sœurs **se lèvent**. (se lever)
4. Le bébé **s'amuse** avec ses jouets. (s'amuser)
5. Arlette **se lave**. (se laver)
6. Le chien **se baigne** dans la piscine. (se baigner)

19 La correspondance Michèle just received a letter from her friend Béatrice who is on vacation in Martinique. Help Michèle figure out what the letter says by filling in the blanks with the correct forms of the verbs in parentheses.

Chère Michèle,

J'adore la Martinique! Je n'ai pas envie de rentrer. Il y a tant de choses à faire ici! Les gens sont très sympa et il fait toujours beau. Voilà ce que je fais. Le matin, je **me lève** *(se lever) de bonne heure. Je* **me lave** *(se laver), je* **me brosse** *(se brosser) les dents et je* **m'habille** *(s'habiller). Ensuite, je prends mon petit déjeuner et je vais à la plage. Ce qui me plaît, c'est faire de la planche à voile ou jouer au volley avec mes copains. Je* **me baigne** *(se baigner) beaucoup. A l'heure du coucher du soleil, je* **me promène** *(se promener) sur la plage. C'est magnifique! D'habitude, je dîne assez tard, et je* **me couche** *(se coucher) vers onze heures.*

A bientôt,

Béatrice

20 Chez toi Qu'est-ce qui se passe chez toi à six heures et demie du matin? **Answers will vary. Possible answers:**

Mon père se brosse les dents.

Ma mère prépare le petit déjeuner.

Je me lave.

Mon petit frère se lève.

Ma sœur s'habille.

21 On se prépare A quelle heure est-ce que tu fais ces activités? **Answers will vary. Possible answers:**

Exemple : Je me lève vers sept heures et demie.

se laver | partir pour l'école | se coucher | s'habiller | se lever | déjeuner | jouer au basket | prendre le petit déjeuner | faire les devoirs | se brosser les dents

Je me lève vers sept heures.

Je me lave à sept heures dix.

Je m'habille avant sept heures et demie.

Je prends mon petit déjeuner à huit heures moins le quart.

Je me brosse les dents à huit heures.

Je pars pour l'école à huit heures quinze.

Je déjeune à midi.

Je joue au basket après l'école à six heures.

Je fais mes devoirs à neuf heures.

Je me couche à dix heures et demie.

22 Le week-end How does your routine differ on weekends? **Answers will vary. Possible answer:**

Le week-end, je ne me lève pas tôt. Je prends mon petit déjeuner et je regarde la télé dans le salon. Je me lave et je m'habille vers dix heures. Je déjeune vers une heure et après, je sors avec mes copains. On dîne vers sept heures. Après le dîner, je joue à des jeux vidéo ou je lis. Je me couche assez tard.

Nom ______________________ Classe ______________ Date ______________

LISONS!

LA MARTINIQUE... Une île de rêve
VACANCES TROPIQUES

Vous êtes stressé? La vie en ville vous fatigue? Alors, quelques jours de vacances bien mérités vous feraient le plus grand bien. La destination idéale? Les plages de sable blanc ou noir et la mer toujours bleue vous tentent? Alors, venez à la Martinique, bien sûr! Avec Vacances Tropiques, vous êtes assuré de passer des vacances de rêve.

Nous vous proposons plusieurs activités de plein air. Pour les passionnés de la mer :
* La voile : petits et grands bateaux
* La planche à voile
* La plongée sous-marine : avec ou sans bouteille
* La pêche

Aux autres, nous proposons :
* Le tennis : des cours, des matches
* L'aérobic : de la relaxation, de la musculation
* Les sports d'équipe : le volley-ball, le basket-ball et le football
* Les promenades nocturnes

Nous offrons aussi des voyages organisés pour visiter l'île :
* Fort-de-France : tous les jours
* Sainte-Anne : le mardi et le jeudi
* Promenades en mer : le mercredi

Si vous avez envie de goûter les meilleures spécialités de poisson et fruits de mer de l'île, réservez dès aujourd'hui votre table à L'Antre des Pirates.

Pour plus de renseignements sur la Martinique, contactez l'Office de tourisme au 04.50.67.21.63 (ouvert tous les jours sauf le samedi après-midi et le dimanche)

23 Tu as compris? Answer these questions about **Vacances Tropiques** in English.
Answers may vary. Possible answers:

1. What is this brochure advertising?
   a vacation resort/sports club
2. What different kinds of information does the brochure present?
   information about sports, tours, and a restaurant
3. What water sports and activities are offered at **Vacances Tropiques?**
   sailing, windsurfing, scuba diving, fishing
4. What other outdoor sports are offered?
   tennis, aerobics, volleyball, basketball, soccer

24 Bonjour de Vacances Tropiques Imagine you're spending a week at **Vacances Tropiques.** Write a note to a friend telling him or her about it.

Chère Pam,

Je m'amuse bien ici. La Martinique, c'est formidable. Il fait beau et chaud. Ce que j'aime, c'est les plages. Elles sont si belles. Il y a beaucoup de choses à faire ici. Je fais de la plongée sous-marine, je joue au tennis et je me promène sur la plage.

PANORAMA CULTUREL

25 Vrai ou faux? Are these statements about Martinique true or false? If a statement is false, rewrite it to make it true.

1. Martinique is located in the Mediterranean Sea.
   false; Martinique is located in the Caribbean Sea.
2. In the north, there are snow-covered mountains.
   false; In the north, there's a tropical forest.
3. There are beaches in the south.
   true
4. The sand on the beaches at Saint-Pierre is black.
   true
5. The island of Martinique is larger than continental France.
   false; It's smaller than France.
6. The **Martiniquais** are citizens of France.
   true

26 C'est comment, la Martinique? Your friend is interested in learning about Martinique and wants to know what these things are. **Answers may vary. Possible answers:**

1. des yoles rondes
   colorfully painted, traditional fishing boats used for racing
2. zouk, biguine, mazurka
   types of music created in Martinique with an African influence; Zouk is now internationally popular.
3. créole
   one of the languages spoken in Martinique; It is a mixture of many languages, including French, Spanish, English, Portuguese, and African dialects.
4. la Montagne Pelée
   a volcano at the north end of Martinique that last erupted in 1902
5. Madinina
   the former name of Martinique; It means the "island of flowers."
6. Fort-de-France
   the capital of Martinique
7. Le Carnaval
   a celebration that takes place the week before Lent

Nom________________________ Classe______________ Date______________

Quelle journée!

MISE EN TRAIN

1 C'est pas mon jour! Céline a passé une mauvaise journée. Choisis ce qu'elle dit à son amie Virginie pour expliquer chaque situation.

1. 

   a. J'ai pris le petit déjeuner.

   (b.) Je me suis réveillée en retard parce que mon réveil n'a pas sonné.

   c. Je suis allée à l'école.

2. 

   a. J'ai pris le bus pour aller au cinéma.

   b. Je suis allée au lycée en train.

   (c.) J'ai raté le bus.

3. 

   a. J'ai eu une très bonne note en histoire-géo.

   (b.) J'avais oublié mes devoirs et j'ai eu dix à mon interro de maths.

   c. J'ai été collée parce que j'ai eu une mauvaise note.

4. 

   (a.) Hector a renversé son verre sur ma jupe.

   b. J'ai pris une limonade.

   c. Ça fait combien?

Nom ______________________ Classe ______________ Date ______________

PREMIERE ETAPE

2 Qu'est-ce qui se passe? Trouve la légende *(caption)* qui correspond à chaque illustration.

a.

b.

c.

d.

e.

b 1. Il rate une marche.
a 2. Il n'entend pas son réveil.
d 3. Il perd son livre.
c 4. Il a une mauvaise note.
e 5. Il rate le bus.

3 De bonnes raisons Choisis la fin la plus appropriée pour chacune des phrases suivantes.
Answers may vary. Possible answers:

1. J'ai eu une mauvaise note à l'interro de maths **b**
2. Je suis arrivé(e) en retard à mon cours de sciences **d**
3. J'ai déchiré mon pantalon **e**
4. Je ne suis pas allé(e) au café après l'école **a**
5. Je n'ai pas pu faire mes devoirs de biologie **c**

a. parce que j'ai été collé(e).
b. parce que je n'ai pas étudié.
c. parce que j'ai perdu mon livre.
d. parce que je n'ai pas entendu mon réveil.
e. parce que je suis tombé(e).

4 Une bonne ou mauvaise journée? Tu as passé une bonne ou une mauvaise journée? Mets les phrases suivantes dans les catégories appropriées.

1. J'ai eu une mauvaise note en anglais.
2. J'ai acheté un nouveau CD.
3. J'ai déchiré ma chemise.
4. J'ai vu un film super.
5. J'ai raté une marche et je suis tombé(e).
6. Mon ami m'a offert un cadeau.
7. J'ai eu une très bonne note en physique.
8. J'ai perdu mes devoirs d'anglais.

Une bonne journée	Une mauvaise journée
J'ai acheté un nouveau CD.	**J'ai déchiré ma chemise.**
J'ai vu un film super.	**J'ai raté une marche et je suis tombé(e).**
Mon ami m'a offert un cadeau.	**J'ai perdu mes devoirs d'anglais.**
J'ai eu une très bonne note en physique.	**J'ai eu une mauvaise note en anglais.**

5 Les conséquences Qu'est-ce qui va t'arriver si tu fais les choses suivantes? **Answers may vary. Possible answers:**

Exemple : Si j'étudie beaucoup pour mon interro de chimie, je vais avoir une bonne note.

1. Si je n'étudie pas pour mon interro de français, je **vais avoir une mauvaise note.**
2. Si j'arrive en retard à mon cours, je **vais être collé(e).**
3. Si je rate le bus, je **vais être en retard à mon premier cours.**
4. Si je reçois de mauvaises notes, mes parents **ne vont pas être contents.**
5. Si je n'entends pas mon réveil, je **vais rater le bus.**

6 Méli-mélo! Remets les phrases de la conversation suivante dans le bon ordre.

5	PAULINE	J'ai passé une mauvaise journée.
2	LUC	Salut, Pauline. Ça va?
8	LUC	Ne t'en fais pas. Ça va aller mieux.
3	PAULINE	Oh, pas terrible.
1	PAULINE	Salut, Luc.
7	PAULINE	D'abord, je suis arrivée à l'école en retard, et puis, j'ai perdu mes devoirs.
6	LUC	Ah, oui? Qu'est-ce qui s'est passé?
4	LUC	Qu'est-ce qui t'arrive?

7 Une mauvaise journée Aujourd'hui, c'est Vendredi 13! Tout va mal pour Marc. Il raconte ses problèmes à son ami Eric. Complète les phrases avec le vocabulaire qui convient.

perdu — mon interro — l'air — quelle — journée — se passe — zéro — collé — raconte — mon réveil — mon bus

— Bonjour, Marc. Ça n'a pas **l'air** d'aller. Qu'est-ce qui **se passe**?

— J'ai passé une **journée** épouvantable!

— Pauvre vieux! **Raconte**!

— D'abord, je n'ai pas entendu **mon réveil**. Ensuite, j'ai raté **mon bus** et j'ai **perdu** mon devoir de maths. Mon prof était furieux et j'ai eu **zéro**.

— Tu n'as vraiment pas de chance!

— Non, pas vraiment. Et puis, j'ai été **collé** parce que j'ai raté **mon interro** de géographie.

— Oh là là! **Quelle** journée!

CHAPITRE 5 Première étape

8 Pauvre Sylvie! Dans son journal, Sylvie décrit la mauvaise journée qu'elle a passée. Complète les phrases avec la bonne forme du verbe entre parenthèses.

J' **ai passé** *(passer) une journée épouvantable. Elle a bien commencé mais elle s'est mal terminée. Je suis allée à Paris avec une copine et nous* **avons visité** *(visiter) des musées et des monuments. D'abord, on* **a pris** *(prendre) notre petit déjeuner dans un café du Quartier latin. Ensuite, on est allées à Notre-Dame. Là, j'* **ai raté** *(rater) une marche et je suis tombée. J'* **ai déchiré** *(déchirer) mon pantalon. J'ai dû m'acheter un nouveau pantalon et j'* **ai dépensé** *(dépenser) presque tout mon argent. Ensuite, on* **a visité** *(visiter) le Louvre et après, on* **a pris** *(prendre) un coca. J'* **ai oublié** *(oublier) mon sac au café. Quelle journée!*

9 Les dernières nouvelles Priscilla had to make up a quiz during lunch, so she didn't get caught up on all the latest school news. Give a logical response to each of her questions below. **Answers may vary. Possible answers:**

Example: Pourquoi est-ce que Pierre a raté le bus? Il n'a pas entendu son réveil.

1. Pourquoi est-ce que Monique est arrivée au lycée en retard? **Elle a raté le bus.**
2. Comment Jean-Claude a fait pour avoir 18 en histoire? **Il a étudié beaucoup.**
3. Pourquoi est-ce qu'Ahmed a été collé après l'école? **Il n'a pas fait ses devoirs.**
4. Qu'est-ce que Viviane et Robert ont fait hier soir? **Ils ont vu un film.**
5. Qu'est-ce que Louis et Michèle ont fait samedi après-midi? **Ils ont joué au tennis.**

10 Le roi des excuses The yearbook committee is having a contest to find the most creative excuses for being late to school. Write your entry. **Answers will vary.**

DEUXIEME ETAPE

11 Comment ça s'est passé? Choisis la meilleure réponse à chacune des questions suivantes.

c 1. Comment ça s'est passé, ton interro de géo?

a 2. Comment se sont passées tes vacances?

b 3. Comment s'est passée ta journée d'hier?

d 4. Comment s'est passé ton week-end?

a. Tout a été de travers! Il a plu tous les jours!

b. Je me suis réveillé(e) à l'heure, mais je suis quand même arrivé(e) à l'école en retard.

c. Je ne comprends pas. J'ai étudié, mais j'ai eu 8!

d. Ben, au début, c'était pas terrible, mais samedi soir, on a vu un film super.

12 J'ai passé une journée... Qu'est-ce que chaque personne dirait pour décrire sa journée? **Answers may vary. Possible answers:**

Ça s'est très bien passé! J'ai passé une journée horrible! C'était super! Quelle journée! C'est pas mon jour! Quelle journée formidable! C'était génial!

1. Jeanette a renversé son bol de céréales sur sa jupe. **C'est pas mon jour!**
2. Philippe a été collé. **J'ai passé une journée horrible!**
3. Sandrine a eu de très bonnes notes et son père lui a acheté un tee-shirt et un jean. **C'était génial!**
4. Christophe a gagné son match de tennis. **Ça s'est très bien passé!**
5. Fabienne est tombée dans l'escalier. **Quelle journée!**
6. Philippe a trouvé 50 F dans la rue. **C'était super!**

13 Où vont-ils en vacances?

a. The first day of school after vacation, you asked your friends and teachers where they went. Complete your questions and their answers with the correct forms of the verb **aller** in the **passé composé.**

1. Mary, où est-ce que vous **êtes allées** en vacances, Sandrine et toi?
2. (Madame Moreau) «Mon mari et moi, nous **sommes allés** à Paris.»
3. Pierre, tu **es allé** en Californie, non?
4. Où est-ce que les Ducharme **sont allés** ?
5. Et vous, M. Normand, vous **êtes allé** à Londres?

b. Now tell where you spent your vacation and where your best friend spent his or her vacation (real or imaginary). **Answers may vary. Possible answers:**

Je suis allé(e) à Disneyland® en Californie.

Mon copain Allen est allé chez ses grands-parents à la campagne.

CHAPITRE 5 Deuxième étape

14 Des vacances à l'étranger Judging from what these people did while they were on vacation, tell where they went using the verb **aller. Answers may vary. Possible answers:**

1. Nadine a vu la tour Eiffel. **Elle est allée en France.**
2. Vincent a visité le Grand Canyon. **Il est allé aux Etats-Unis.**
3. Roger et Jeanne ont dansé le zouk. **Ils sont allés à la Martinique.**
4. Emmanuel a acheté des cadeaux à Treichville, un quartier d'Abidjan. **Il est allé en Côte d'Ivoire.**
5. Suzanne et Patricia ont visité le Kremlin. **Elles sont allées en Russie.**
6. J'ai passé deux jours au château Frontenac. **Tu es allé(e) au Canada.**
7. Julien est allé à Rome. **Il est allé en Italie.**

15 Pauvre François! Tell what happened to François yesterday. How was his day? **Answers may vary. Possible answer:**

entendre oublier aller au café déchirer son jean
se lever tard perdre arriver en retard portefeuille
réveil être collé(e) rater le bus devoirs tomber

Hier, François a passé une journée épouvantable. D'abord, il n'a pas entendu son réveil et il s'est levé tard. Ensuite, il a raté le bus et il est arrivé en retard à l'école. Après, il a raté son interro de physique. Il n'a pas fait ses devoirs de français et il a été collé. Le soir, il est allé au café avec ses copains et il a oublié son portefeuille. Finalement, il est tombé et il a déchiré son jean. Quelle journée!

16 Choisis! Put a check mark beside the expressions you would use to sympathize with or console someone.

✓ 1. Courage!
___ 2. Quelle journée incroyable!
✓ 3. Pauvre vieux!
✓ 4. Ça va aller mieux.
___ 5. C'est super.
✓ 6. T'en fais pas.
___ 7. Bonne idée!
✓ 8. C'est pas grave.
✓ 9. Oh là là!
___ 10. Tout a été de travers!
___ 11. Je suis crevée.
✓ 12. C'est pas de chance, ça!

17 Entre amis Sympathize with or console the following people. **Answers may vary. Possible answers:**

Pauvre vieux/vieille! T'en fais pas! Courage! Oh là là!
C'est pas de chance, ça! Ça va aller mieux. C'est pas grave.

1. Mon prof a déchiré mon devoir de géo en disant : «C'est inadmissible!» **Oh là là!**
2. J'ai perdu mon cahier avec tous mes devoirs. **C'est pas de chance, ça!**
3. Je suis arrivée en retard pour l'interro de maths et je n'ai pas eu le temps de finir! **T'en fais pas!**
4. J'ai perdu le nouveau CD de mon copain. **C'est pas grave.**
5. Ce matin, devant tous mes copains, j'ai raté une marche et je suis tombé. **Pauvre vieux!**

18 Qu'est-ce qu'ils disent? Create a conversation between Mireille and her friend Stéphane, who had a really bad day. Stéphane tells Mireille what happened and Mireille consoles him. **Answers will vary.**

TROISIEME ETAPE

19 Je n'y comprends rien! Read this letter from your pen pal Stella. Then decide whether the statements that follow are true or false.

Comment tu vas? Moi, ça ne va pas trop bien en ce moment. D'abord, ma copine Sophie m'a dit qu'elle a vu mon petit ami sortir du ciné avec ma meilleure copine. Ensuite, je me suis disputée avec mon frère. Et puis, à l'école, ça va pas terrible non plus. Mon bulletin trimestriel est arrivé aujourd'hui et mes parents ne sont pas très contents. Bon, en français, ça va, je suis assez bonne. J'ai eu 13 ce trimestre. En histoire-géo, j'ai eu 10. Ce n'est pas de ma faute, j'ai vraiment du mal à comprendre et en plus, le prof explique mal. En maths, c'est une catastrophe : j'ai eu 4. C'est vraiment pas mon fort, les maths! Et en sciences physiques, c'est pas beaucoup mieux, j'ai eu 8; je ne suis pas douée pour ça non plus. C'est en anglais que je suis la meilleure : 18. J'espère que mes parents vont quand même me donner la permission de venir te voir cet été. Bon! Je te laisse. Ecris-moi vite. A bientôt.

Stella

false 1. Stella's having some problems with her friends and family, but school is going well.
true 2. Stella's best grade this trimester is in English.
false 3. Stella's worst grade this trimester is in science.
false 4. Report cards are coming out next week, and Stella is concerned.
true 5. Stella feels she doesn't have a talent for math or science.

20 Quelles notes! What reason or excuse would each of these students give for their grades? Vary the reasons and excuses. **Answers may vary. Possible answers:**

1. Paul a eu 8 en sciences physiques. « **Les sciences physiques, c'est pas mon fort.** »
2. Xavier a eu 18 en français. « **C'est en français que je suis le meilleur.** »
3. Eve a eu 14 en mathématiques. « **Je suis assez bonne en mathématiques.** »
4. Odile a eu 9 en latin. « **Je ne suis pas douée pour le latin.** »

21 Et toi? Which are your best and worst classes? Write a brief response to Stella telling her about your classes. Give a reason or excuse for your performance in each one. **Answers will vary.**

CHAPITRE 5 Troisième étape

Nom ____________________ Classe ____________ Date ____________

22 Le bulletin trimestriel de Patrice If you were Patrice's parent, what would you say to him about his efforts in each of his classes? **Answers may vary. Possible answers:**

Bon travail. Chapeau! C'est inadmissible! Bravo! C'est bien! Tu dois mieux travailler. Félicitations!

Lycée Balzac
Académie de Tours

BULLETIN TRIMESTRIEL

NOM et prénom : *BARRE Patrice* Classe de *2de7*

MATIERES D'ENSEIGNEMENT	MOYENNE DE L'ELEVE	APPRECIATIONS
Français	13	*Bon travail*
Mathématiques	18	Très bon élève
Sc. physiques	15	*Travail sérieux*
Sc. naturelles	13	*A fait beaucoup de progrès*
Histoire-Géographie	5	*Doit s'appliquer davantage*
Anglais	10	*Peu d'effort!*
Espagnol	8	*Doit s'appliquer davantage*
Arts plastiques	12	*Satisfaisant*
Education physique	15	*Bon élève*

1. Mathématiques :
   Chapeau!
2. Français :
   C'est bien!
3. Anglais :
   Tu dois mieux travailler.
4. Sciences physiques :
   Félicitations!
5. Histoire-Géographie :
   C'est inadmissible!
6. Sciences naturelles :
   Bravo!

23 Bulletin scolaire You get to be the French teacher today. Read the descriptions of your students below. Change each student's grade to the French system, using the conversion table below, and add an appropriate comment. **Answers may vary. Possible answers:**

A = 15 and above
B = 12-14
C = 10-12
D = 8-10
F = less than 8

NOM ET PRENOM	NOTE	APPRECIATION
Gomez, Lisa	**13**	**Elève sérieuse!**
Wells, Paul	**12**	**Peut mieux faire**
Nakamoto, Craig	**11**	**Ne doit pas faire le clown**
Pate, Kim	**18**	**Bravo!**

1. Lisa is very bright and she does very well in class. She just needs to do more of her homework. She's getting a 65.
2. Craig's grade would improve if he didn't goof off in class. He also needs to prepare better for tests and quizzes. He's making a 55.
3. Paul could do better if he studied more consistently. His assignments are well done when he remembers to turn them in. He's making a 60.
4. Kim is an excellent student who always does her homework. She always pays attention in class. Her test scores are outstanding. She's making a 90.

24 A propos des cours Myléa has just shown her mother her **bulletin trimestriel.** She did well in two classes and poorly in two others. Create a conversation in which Myléa's mother congratulates or reprimands her for each of her grades. Be sure to include Myléa's reasons or excuses for her grades. **Answers will vary.**

Félicitations! Bravo! Tu dois mieux travailler en classe.
C'est inadmissible! Je suis pas douée pour... Je suis assez bonne en...

____

____

____

____

____

____

____

____

____

____

Nom ______________________ Classe ______________ Date ______________

LISONS!

25 Au petit déjeuner

a. Read the poem and then answer the questions that follow in English. **Answers may vary. Possible answers:**

Here is some vocabulary you might need to understand this poem:

la cuiller *spoon* **la tasse** *cup* **la parole** *word*
la tête *head* **pleurer** *to cry*

Déjeuner du matin

Il a mis le café
Dans la tasse
Il a mis le lait
Dans la tasse de café
Il a mis le sucre
Dans le café au lait
Avec la petite cuiller
Il a tourné
Il a bu le café au lait
Et il a reposé la tasse
Sans me parler
Il a allumé
Une cigarette
Il a fait des ronds
Avec la fumée
Il a mis les cendres
Dans le cendrier
Sans me parler
Sans me regarder
Il s'est levé
Il a mis
Son chapeau sur sa tête
Il a mis
Son manteau de pluie
Parce qu'il pleuvait
Et il est parti
Sous la pluie
Sans une parole
Sans me regarder
Et moi j'ai pris
Ma tête dans ma main
Et j'ai pleuré.

—*Jacques Prévert*

1. Whom does **il** refer to in the poem? How does the narrator feel about him?
   someone the narrator loves
2. Where do you think these people are?
   in the kitchen of their house or apartment, or in a café
3. How does the narrator feel at the end of the poem?
   sad
4. How does the weather reflect the narrator's mood?
   It's rainy and gloomy.

b. Retell the story of **Déjeuner du matin** in your own words, according to your own interpretation of the poem. **Answers may vary. Possible answer:**

A woman and her husband have had an argument. They aren't speaking to each other. He has a cup of coffee and a cigarette, and then leaves. She starts crying.

CHAPITRE 5 Lisons!

PANORAMA CULTUREL

26 True or false? Are these statements about school life in France true or false? Correct any false statements. **Answers may vary. Possible answers:**

1. Students who don't go home for lunch eat in **le carnet.**
   false; They eat in «la cantine».
2. If you're late to class in France, you have to give your teacher a note from your parent.
   false; You must go to the principal's office to explain why you're late.
3. Parents must sign any notes that appear in their child's **carnet de correspondance.**
   true
4. Sandwiches are often served as school lunches, since students don't have much time to eat.
   false; Full meals are served. Students often have a break for as much as two hours.
5. A student who received a 16 on a quiz would be very happy.
   true
6. If a student received an 11 in a class, he or she would fail the class.
   false; 11 is a passing grade.
7. Many French students receive grades of 19 or 20.
   false; These grades are rarely given.

27 Au lycée français Answer the questions below about French schools and the French school system. **Answers may vary. Possible answers:**

1. What is a **carnet de correspondance?**
   It's a notebook in which the school records a student's behavior.
2. Is there an American equivalent to the **carnet de correspondance? Answers will vary.**
3. What are the advantages and drawbacks of a **carnet de correspondance? Answers will vary.**
4. What are some of the differences between the French school system and the American school system? **Answers will vary.**

Nom ______________________ Classe ______________ Date ______________

A nous les châteaux!

MISE EN TRAIN

1 Le disparu Your classmate Sharon is retelling what happened in **Le disparu,** but she has made a few mistakes. Find and correct the five errors in the paragraph below.

Bruno, Céline et Virginie sont allés à Chenonceaux en bateau. Ils ont acheté des allers simples. Ils ont loué des voitures pour aller de la gare au château. On appelle le château de Chenonceau «le château des six hommes.»

1. **Hector, Céline et Virginie sont allés à Chenonceaux.**
2. **Ils y sont allés en car.**
3. **Ils ont acheté des allers-retours.**
4. **Ils ont loué des vélos.**
5. **On appelle le château de Chenonceau «le château des six femmes.»**

2 Mets dans l'ordre Number these events in the order in which they happened in **Le disparu.**

5 Les amis ont loué des vélos.
7 Hector a disparu.
2 Céline a acheté son billet.
6 Ils ont visité le château.
4 Le car est arrivé à Chenonceaux.
1 Céline a retrouvé Hector et Virginie à la gare routière.
3 Le car est parti pour Chenonceaux.

PREMIERE ETAPE

3 Les circuits touristiques en couleur

Faites le circuit jaune! On va...
faire une visite guidée des châteaux, monter dans une tour, aller au zoo et donner à manger aux animaux!

ESSAYEZ LE CIRCUIT BLEU! VOUS POUVEZ...
aller au zoo, donner à manger aux animaux, faire un pique-nique et aller dans un parc d'attractions!

Choisissez le circuit rose où vous pouvez...
faire un pique-nique, aller au zoo, donner à manger aux animaux et assister à un spectacle son et lumière!

Amusez-vous en faisant le circuit vert! Vous pouvez...
aller dans un parc d'attractions, faire un tour sur les montagnes russes, faire un pique-nique et assister à un spectacle son et lumière!

ON VA FAIRE LA FÊTE SUR LE CIRCUIT ORANGE! ALLONS...
FAIRE UN PIQUE-NIQUE, ASSISTER À UN SPECTACLE SON ET LUMIÈRE, FAIRE UNE VISITE GUIDÉE DES CHÂTEAUX ET MONTER DANS UNE TOUR!

a. On which color tour(s) will you . . .

1. go on a picnic? **bleu, vert, rose, orange**
2. attend a sound and light show? **rose, vert, orange**
3. go to the zoo? **jaune, bleu, rose**
4. go to an amusement park? **bleu, vert**
5. take a guided tour of several châteaux? **jaune, orange**

b. Now create an ad for your own tour, **le circuit blanc,** in the space below. Be sure to include three activities that persons taking your tour might enjoy. **Answers will vary.**

4 Mots emmêlés

Mets les phrases dans le bon ordre. Ensuite, dis où chaque personne a passé le week-end.

1. fait / sur / tour / montagnes / a / les / Marie-Paule / russes / un
   Marie-Paule a fait un tour sur les montagnes russes.
2. tour / dans / Samir / monté / une / est
   Samir est monté dans une tour.
3. des / fait / une / a / guidée / visite / Samir / châteaux
   Samir a fait une visite guidée des châteaux.
4. à / son / un / Samir / assisté / et / lumière / a / spectacle
   Samir a assisté à un spectacle son et lumière.
5. sur / Marie-Paule / roue / un / fait / tour / grande / a / la
   Marie-Paule a fait un tour sur la grande roue.
6. Li / donné / animaux / a / à / aux / manger
   Li a donné à manger aux animaux.

Li a passé le week-end au zoo.
Marie-Paule a passé le week-end dans un parc d'attractions.
Samir a fait un circuit des châteaux pendant le week-end.

5 Quel week-end!

You had a busy weekend in which you did a lot of activities besides visiting an amusement park. Write a short journal entry about everything you did. **Answers will vary. Possible answers:**

Quel week-end incroyable! On a fait beaucoup de choses. Samedi après-midi, je suis allé(e) au parc d'attractions avec Robert et Alicia. On a fait un tour sur les montagnes russes et sur la grande roue. Après, on a mangé de la pizza et de la glace. Samedi soir, on est allés au cinéma et on a vu un film français. Dimanche, on a fait un pique-nique au zoo. On a vu beaucoup d'animaux. Le soir, nous avons dîné dans un restaurant belge.

6 Questions personnelles

Answer the questions below, using complete sentences. **Answers will vary.**

1. Quelle est l'activité que tu pratiques le plus souvent?
   ______
2. La dernière fois que tu as pratiqué cette activité,...
   c'était avec qui? ______
   c'était où? ______
   c'était pendant la journée ou le soir? ______
   tu as payé combien? ______

Nom ________________ Classe ________________ Date ________________

7 Méli-mélo! Mets la conversation dans le bon ordre. Ensuite, dis qui a passé un bon week-end et qui a passé un mauvais week-end. **Answers may vary. Possible answers:**

3 Et après?

7 François et moi, on est allés voir le nouveau film de Jean-Claude Van Damme.

2 Je suis allée visiter le château de Villandry avec ma famille. On a fait une visite guidée, et puis, on est montés dans une tour. La vue était superbe!

9 Pas du tout! C'était nul. Je me suis ennuyée!

6 C'était super! Je me suis beaucoup amusée. Et toi, Mai? Qu'est-ce que tu as fait pendant le week-end?

4 L'après-midi, on a fait un pique-nique. Et le soir, on a assisté à un spectacle son et lumière.

5 C'était comment?

1 Salut, Adèle. Qu'est-ce que tu as fait pendant le week-end?

8 Ça t'a plu?

Adèle a passé un bon week-end.

Mai a passé un mauvais week-end.

8 Quel voyage! You've just returned from a month-long stay in France. Answer the questions below telling how you enjoyed your trip. **Answers will vary. Possible answers:**

magnifique · pas mal · incroyable · superbe · sensas · nul · Ça m'a beaucoup plu. · Je me suis beaucoup amusé(e). · mortel · sinistre · Je me suis ennuyé(e).

1. Tu as visité le Louvre? **Oui, c'était sinistre.**
2. Ça t'a plu, le voyage en train? **Oui, c'était superbe.**
3. Tu t'es amusé(e) au zoo? **Oui, ça m'a beaucoup plu.**
4. Tu t'es bien amusé(e) au parc d'attractions? **Oui, c'était pas mal.**
5. C'était comment, le château de Chinon? **C'était mortel.**

9 Raconte... Tell what happened the last time you either really enjoyed yourself or you were really bored. Tell where you went, with whom, what you did there, and what it was like. **Answers will vary.**

Nom ______________________ Classe ______________ Date ______________

DEUXIEME ETAPE

10 Un malentendu! Your friend Clarice is telling you about her brother Marcel's day. Complete her story with the appropriate words from the box below.

arrivé reparti resté monté né devenu sorti venu allé rentré descendu mort entré

Hier, Marcel a quitté sa maison vers midi et il est **allé** au café pour retrouver ses copains Sayeed et Chloé. Ils avaient fait beaucoup de projets pour la journée. Il est **arrivé** au café vers midi et quart mais ses amis n'étaient pas encore là. Alors, il a attendu au café pendant une heure mais personne n'est **venu**. Finalement, il a pris le métro pour aller au Louvre voir s'ils étaient là-bas. Il est **descendu** à la station Louvre et il est **entré** dans le musée. Il est **resté** tout seul au musée jusqu'à cinq heures et il est **rentré** à la maison très triste. Il est **monté** tout de suite dans sa chambre pour téléphoner à Sayeed. Tout d'un coup il s'est rendu compte que c'était samedi et qu'ils avaient fait des projets pour dimanche! Quel malentendu! Alors, il est **reparti** retrouver Sayeed chez lui.

11 La maison du *Dr. and Mrs. Van der Tramp* Fill in the chart below with the infinitives of the verbs that you conjugate with **être** in the **passé composé. Order of answers may vary. Possible answers:**

D evenir	**D** escendre
R evenir	**E** ntrer
&	**R** entrer
M ourir	**T** omber
R ester	**R** etourner
S ortir	**A** rriver
V enir	**M** onter
A ller	**P** artir
N aître	

CHAPITRE 6 Deuxième étape

12 Mots croisés Fill in the blanks in the clues. Then use those words to complete the crossword puzzle.

																	1 P	L	U
										2 E				3 P			R		
										T				A			I		
									4 R	E	T	O	U	R	N	E	S		
				5 M			6 D		E					T					
	7 L			O			E		V			8 F	A	I	T				
9 O	U	V	E	R	T		V		10 E	U				S					
				T			E		N										
		11 D	E	S	C	E	N	D	U										
							U		E										
					12 N	E	E												

HORIZONTALEMENT

1. J'ai donné à manger aux animaux. Ça m'a beaucoup **plu**.
4. Patrick et Vanessa ont oublié leurs livres chez eux et ils sont **retournés** les chercher à midi.
8. J'ai **fait** une visite guidée du château de Loches.
9. Mon petit frère a **ouvert** la porte d'un salon à Chenonceau.
10. La semaine dernière, j'ai **eu** un accident de voiture, mais ce n'était pas grave.
11. Paul était dans sa chambre. Sa mère l'a appelé et il est **descendu**.
12. Catherine de Médicis est **née** en 1519 et elle s'est mariée avec Henri II en 1533.

VERTICALEMENT

1. Quand je suis allé en France, je n'ai pas **pris** mon appareil-photo.
2. Quelle journée! Tout a **été** de travers!
3. Les Lebeau sont **partis** pour la plage, mais ils sont tout de suite revenus parce qu'il pleuvait.
4. Ma cousine Céleste est **revenue** d'Angleterre en mai, après avoir passé un mois à Londres.
5. Louis XVI et Marie-Antoinette sont **morts** en 1793.
6. Après la mort d'Henri II, Catherine de Médicis est **devenue** régente de France.
7. Avant d'entrer dans le château de Chenonceau, Céline, Hector et Virginie ont **lu** un guide du château.

13 Devine! Fill in the blanks in the paragraph below with the **passé composé** of the verbs in parentheses. Then see if you can guess what well-known story this is.

Une petite fille **est allée** (aller) rendre visite à sa grand-mère. Dans la forêt, la petite fille **a vu** (voir) un loup qui lui **a parlé** (parler). Alors, la petite fille lui **a dit** (dire) qu'elle allait rendre visite à sa grand-mère qui était malade. Le loup s'est dépêché d'arriver le premier chez la grand-mère de la petite fille et il **a mangé** (manger) la grand-mère. La petite fille **est arrivée** (arriver) chez sa grand-mère et elle **est entrée** (entrer) dans la maison. Elle **est montée** (monter) et elle **est entrée** (entrer) dans la chambre de sa grand-mère. Quand elle **a parlé** (parler) à sa grand-mère, elle a découvert que c'était le loup! Le loup s'est levé et il **a mangé** (manger) la petite fille. La petite fille et sa grand-mère **sont mortes** (mourir) et le loup **est devenu** (devenir) très gros.

14 Au château de Blois Séverine just returned home after spending the day at the **château de Blois.** Imagine four or five things she did at the château. Tell in what order she did them, using words like **d'abord, après, ensuite,** and **finalement. Answers will vary.**

acheter partir être rester tomber visiter voir entrer monter aller descendre

____

____

____

____

____

____

____

15 Mon œil! You don't believe what your friends are telling you. Choose your response to each of their remarks.

b 1. Myriam n'a pas voulu manger avec nous après l'école.

e 2. Diane a eu 5 à son interro de géométrie.

d 3. Fatima a deux frères.

g 4. Inès a fait de l'aérobic à six heures ce matin.

c 5. Sue a raté le bus parce qu'elle n'a pas entendu son réveil.

a. C'est pas vrai. Elle adore ses frères.
b. Tu plaisantes! Elle a toujours faim.
c. Ça m'étonnerait. Elle n'est jamais en retard.
d. C'est pas vrai. Elle est fille unique.
e. Pas possible! Elle est très forte en maths.
f. N'importe quoi! Elle est toujours très polie.
g. Mon œil! Elle déteste faire de l'exercice.

16 C'est pas vrai! Invent a tall tale, and then write a remark someone might make upon hearing it. **Answers will vary.**

____

____

____

____

____

____

____

____

____

____

TROISIEME ETAPE

17 A la gare Lis cette conversation entre Alain et sa mère et réponds aux questions suivantes en anglais.

MME MARTIN Alain, tu es prêt à partir pour Paris?
ALAIN Oui, j'ai acheté mon billet hier.
MME MARTIN A quelle heure est-ce que le train part?
ALAIN A onze heures dix.
MME MARTIN Tu as acheté un aller-retour ou un aller simple?
ALAIN J'ai acheté un aller simple. Je vais acheter mon billet de retour dimanche quand je vais rentrer.
MME MARTIN Combien coûte le billet?
ALAIN Soixante-dix francs.
MME MARTIN Et le train part de quel quai?
ALAIN Du quai cinq.
MME MARTIN Bien. Bon voyage, mon poussin.

1. At what time does Alain's train leave? **11:10 A.M.**
2. Did Alain buy a one-way or a round-trip ticket? Why? **a one-way ticket; He's going to buy his return ticket on Sunday.**
3. How much was the ticket? **70 francs**
4. From which platform is the train going to leave? **5**

18 Au guichet Complète cette conversation entre un touriste qui veut acheter un billet et l'employé au guichet. **Answers may vary. Possible answers:**

— **Pardon**, monsieur. **C'est combien**, un billet pour Paris?

— Un **aller-retour** coûte soixante francs et un aller simple coûte trente francs.

— Je voudrais **un aller simple**, s'il vous plaît.

— Ça fait trente francs.

— Le train part **à quelle heure**?

— A vingt heures trente.

— De quel **quai**?

— Du quai dix.

— **Merci**, monsieur.

— Je vous en prie.

Nom ______________________ Classe ______________ Date ______________

19 Que de questions While you're buying your ticket at the train station, the ticket agent answers the phone. What questions do you think the caller is asking, based on the ticket agent's responses that you overhear? **Answers may vary. Possible answers:**

— **À quelle heure est-ce que le prochain train pour Paris part?**

— Le prochain train pour Paris part à treize heures vingt.

— **De quel quai?**

— Du quai neuf.

— **Combien coûte un aller simple?**

— Cent francs.

20 Action! You're writing a script for a French movie. You've written the following dialogue between a woman and a ticket booth attendant in a train station. However, the director wants the script rewritten to show that the woman and the attendant are old friends. Rewrite the script using informal questions.

— A quelle heure est-ce que le train pour Chenonceaux part?	**Le train pour Chenonceaux part à quelle heure?**
— A 15h45, madame.	A quatre heures moins le quart.
— Combien est-ce qu'un aller-retour coûte?	**Un aller-retour coûte combien?**
— C'est 160 F, madame.	C'est 160 F.
— De quel quai est-ce que le train part?	**Le train part de quel quai?**
— Du quai 3.	Du quai 3.
— A quelle heure est-ce que vous fermez?	**Tu fermes à quelle heure?**
— A 18h, madame.	A six heures.

21 Où sont-ils? Find the six forms of the verb **ouvrir** hidden in this puzzle and write them in the blanks below.

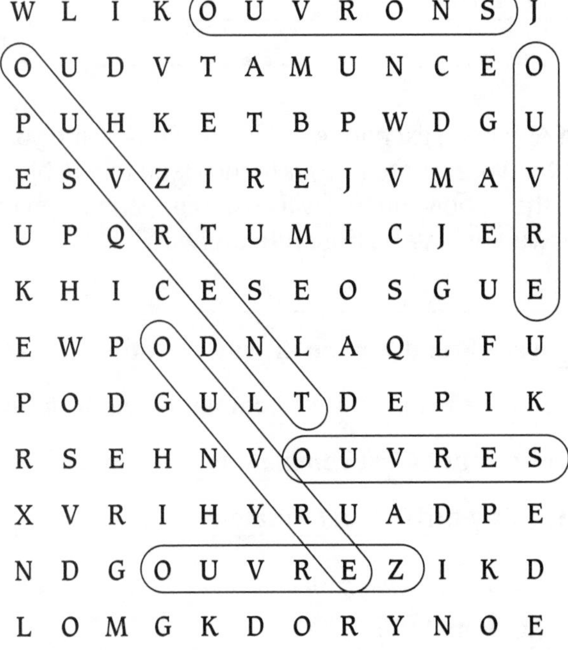

j' **ouvre**

tu **ouvres**

il/elle/on **ouvre**

nous **ouvrons**

vous **ouvrez**

ils/elles **ouvrent**

CHAPITRE 6 Troisième étape

22 Au Musée des Beaux-Arts You and your friend want to visit the **Musée des Beaux-Arts.** Your friend has a brochure about the museum. Write five questions you might ask your friend to help you plan your trip to the museum, and write your friend's answers. **Answers may vary. Possible answers:**

Musée des Beaux-Arts
Heures et jours d'ouverture : semaine 12 h – 20 h
samedi et dimanche 12 h – 22 h
fermé le mardi

Entrée principale au rez-de-chaussée
Accueil des groupes sur rendez-vous
Tarifs : 25 F,
20 F, – pour les jeunes de 18 ans à 25 ans et pour les + de 60 ans
gratuit avec le laissez-passer et pour les – de 18 ans
gratuit le dimanche
Visites guidées des collections permanentes avec un guide
du musée (sur présentation du ticket d'entrée),
le lundi, mercredi et vendredi à 15 h et 18 h,
le samedi à 14 h.
Cafétéria et boutique de cadeaux au 1er.

1. **— Le musée ouvre à quelle heure?**
   — A midi.
2. **— Le musée ferme à quelle heure?**
   — A 20 heures du lundi au vendredi et à 22 heures le week-end.
3. **— C'est combien, l'entrée pour un adulte?**
   — Vingt-cinq francs.
4. **— Est-ce que le musée ferme pour le déjeuner?**
   — Non.
5. **— Quel jour est-ce que le musée est fermé?**
   — Le mardi.

23 Une excursion Imagine you're an American exchange student in France and you'd like to visit some monument or historical site. Write a note to your friend Henri telling him where you'd like to go and ask him how to get there, how much it will cost to go, and when the place you want to visit opens and closes. **Answers will vary. Possible answer:**

Henri,

Je voudrais bien visiter Chenonceau ce week-end. On me dit que c'est un château formidable! Mais j'ai quelques questions pour toi. On y va comment? On prend le train ou le car? Combien coûte un aller-retour? C'est combien, l'entrée au château? Le château ouvre à quelle heure? On doit y arriver tôt? Finalement, le château ferme à quelle heure?

Ecris-moi vite!

Nom ____________ Classe ____________ Date ____________

LISONS!

Tourisme et Loisirs en Val de Loire

1. AMBOISE (Le Clos-Lucé)
Présentation de maquettes d'inventions de Léonard de Vinci et un film sur sa vie (55 mn). Ouvert du 1er février au 31 décembre de 9h à 19h. Entrée : Plein tarif : 34 F, groupe + 20 personnes : 23 F, scolaires : 16 F. **Tél : 02.47.57.62.88 – fax : 02.47.30.54.28**

2. LE GRAND-PRESSIGNY (Le Château)
Château du XIIe, XVe, XVIe siècle, musée de la préhistoire. Ouvert tous les jours du 1er juin au 30 septembre de 9h30 à 18h30. Visite guidée de 90 mn. Entrée : Plein tarif : 20 F, groupes + 15 personnes : 16 F, scolaires : 5 F. **Tél : 02.47.94.90.20**

3. LANGEAIS (Le Musée de l'Artisanat)
«Des Outils et des Hommes», 24 rue Saint-Laurent. Ouvert tous les jours du 1er avril au 30 septembre de 10 à 19h. Visite guidée de 60 mn. Entrée : Plein tarif : 25 F, groupes + 20 personnes : 20 F, scolaires : 12 F. **Tél : 02.47.96.72.64**

4. LUSSAULT-SUR-LOIRE (Aquarium de Touraine)
Ouvert tous les jours, du 1er juillet au 31 août de 9h à 23h. Visite guidée de 90 mn. Entrée : Plein tarif : 35 F, groupes + 20 personnes : 30 F, scolaires : 20 F. **Tél : 02.47.23.44.44 – fax : 02.47.23.44.45**

5. SAVONNIERES (Les Grottes)
Grottes pétrifiantes, 61 rue des Grottes pétrifiantes. Ouvert tous les jours du 1er avril au 30 septembre de 9h à 18h30. Visite guidée de 60 mn. Entrée : Plein tarif : 24 F, groupes + 16 personnes : 21 F, scolaires : 13/14 F. **Tél : 02.47.50.00.09 – fax : 02.47.50.01.03**

6. TURPENAY (Monastère)
A Saint-Benoît-la-Forêt, monastère de Turpenay du XVe siècle. Ouvert tous les jours sauf le dimanche, du 1er juillet au 20 août de 10h à 11h30 et de 14h à 15h30. Entrée : 22 F. **Tél : 02.47.58.01.47**

7. VALMER (Parc et jardins)
A Chançay, parc et jardins en terrasses et chapelle. Ouvert tous les après-midi sauf le lundi. Du 1er juillet au 31 août de 14h30 à 19h. Visite guidée de 60 mn. Entrée : Plein tarif : 25 F, groupes + 20 personnes : 20 F. **Tél : 02.47.52.93.12 – fax : 02.47.52.26.92**

24 Renseignements pratiques Answer these questions about the article above by writing the number(s) of the appropriate places. **Answers may vary. Possible answers:**

1. If you're interested in nature, which places would you want to visit? **4, 5, 7**
2. If you're interested in history, what should you visit? **1, 2, 3, 6**
3. What if you're interested in rocks and the formation of the earth? **5**
4. If you want to see castles, where should you go? **2**
5. Which places close for lunch? **6**
6. Which places can you visit after 7 P.M.? **4**
7. Which places don't offer guided tours? **1, 6**
8. Which place is the most expensive? The least expensive? **Lussault-sur-Loire is the most expensive. Le Grand-Pressigny is the least expensive.**
9. Which places are closed on Sunday? On Monday? **Turpenay is closed on Sunday. Valmer is closed on Monday.**

25 Et chez toi? Describe in French a tourist attraction in your area that a visitor should see. **Answers will vary.**

CHAPITRE 6 Lisons!

Nom ______ Classe ______ Date ______

PANORAMA CULTUREL

26 Les châteaux Is the castle in this photo a **château fort** or a **château de la Renaissance?** How do you know? **Answers may vary. Possible answer:**

It's a *château de la Renaissance.* It has a lot of windows. It's beautifully decorated.

It looks as if more thought was given to comfort and beauty than to defense.

27 Tourangeaux et châteaux célèbres Choose two of the following people and places and tell what you know about each one. You might refer to pages 110–111 in your book.

Amboise · Diane de Poitiers · Léonard de Vinci · Clos-Lucé · le château des six femmes · Catherine de Médicis · le château de Chenonceau

1. **Answers will vary.**

2. ______

CHAPITRE 6 Panorama culturel

CHAPITRE 7

Nom_____________ Classe_____________ Date_____________

En pleine forme

MISE EN TRAIN

1 Trop de conseils Complète le paragraphe suivant à l'aide des mots proposés ci-dessous pour résumer **Trop de conseils.**

gymnase   légumes   pressé   petit déjeuner   dormi   raplapla
conseils   forme   sport   couché

Aujourd'hui, Bruno n'a pas l'air en **forme**. Il se sent tout **raplapla**. Il s'est **couché** vers minuit hier soir et il a mal **dormi**. Il n'a pas pris son **petit déjeuner** ce matin parce qu'il était trop **pressé**. En plus, il fait rarement du **sport**. Alors, Hector lui dit de venir au **gymnase** pour faire de l'exercice avec lui.

2 Qui parle? Qui pourrait dire chacune des phrases suivantes, Bruno ou Hector?

Bruno «Je suis toujours fatigué.»

Bruno «Ça ne me dit rien d'aller au gymnase.»

Hector «Il est important de faire de l'exercice.»

Hector «Je me sens en forme parce que je m'entraîne.»

Bruno «J'adore me coucher tard.»

Hector «Je vais souvent au gymnase.»

Nom ______________________ Classe ______________ Date ______________

PREMIERE ETAPE

3 Expressions emmêlées Unscramble each of these sentences. Then indicate whether each person is complaining or expressing concern.

	Complaining	Expressing Concern
1. ne / chose / pas / quelque / va **Quelque chose ne va pas** ?		✓
2. ne / sens / bien / je / pas / me **Je ne me sens pas bien.**	✓	
3. air / pas / forme / en / n' / l' / tu / as **Tu n'as pas l'air en forme.**		✓
4. as / que / est-ce / qu' / tu **Qu'est-ce que tu as** ?		✓
5. raplapla / toute / je / suis **Je suis toute raplapla.**	✓	

4 Qu'est-ce qu'ils ont? Match each of the following illustrations with the appropriate caption.

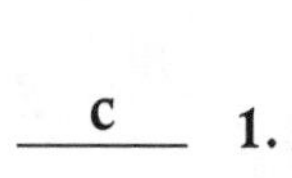

c 1. 

d 2. 

b 3.

a 4. 

a. Il a mal à la gorge.

b. Il a mal dormi.

c. Il éternue beaucoup.

d. Il a mal à la tête.

5 Toujours des excuses! Marianne a toujours des excuses pour ne pas faire ce qu'elle ne veut pas faire. Qu'est-ce que Marianne dirait si... **Answers will vary. Possible answers:**

1. elle avait un examen de maths et elle n'avait pas étudié?

   «Maman, je ne peux pas aller à l'école, **j'ai de la fièvre**.»

2. une fille l'invitait chez elle et Marianne ne voulait pas y aller? (Cette fille a beaucoup de chats!)

   «Je ne peux pas venir chez toi, **j'ai des allergies**.»

3. elle était à une fête où tout le monde chantait et elle ne chantait pas bien?

   «Je ne peux pas chanter parce que **j'ai mal à la gorge**.»

4. on l'invitait à un concert de Heavy Metal mais elle détestait ce genre de musique?

   «Je ne peux pas aller au concert, **j'ai mal à la tête**.»

Nom ______________________ Classe ______________ Date ______________

6 Les mots cachés Can you find fifteen words that refer to parts of the body? Circle each word you find. Words may read vertically, horizontally, or diagonally, and from left to right or right to left.

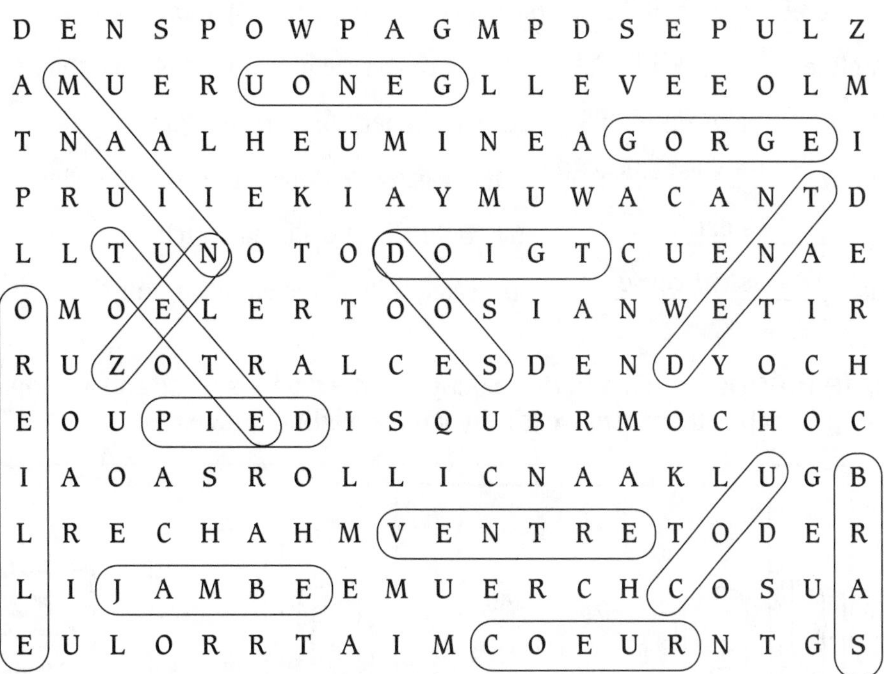

7 La méduse a mal partout! Qu'est-ce qu'elle a, la pauvre méduse? **Answers may vary. Possible answers:**

Elle a mal...

au bras .	**à la gorge** .
au ventre .	**au dos** .
aux dents .	**aux oreilles** .
à la tête .	______ .

8 Qu'est-ce qui est arrivé? Tout le monde s'est fait mal hier. Complète les phrases en mettant les verbes au passé composé.

1. Je **me suis coupé** (se couper) le doigt en préparant le dîner.
2. Pauline **s'est cassé** (se casser) le pied quand elle est tombée.
3. Marius **s'est coupé** (se couper) en se rasant *(shaving)*.
4. Janine **s'est cassé** (se casser) le doigt en jouant au volley.
5. Luc **s'est foulé** (se fouler) la cheville en marchant.
6. Lise **s'est cassé** (se casser) la jambe en faisant du ski.

9 Chez le médecin Look at these people in the doctor's office and waiting room. Tell what's wrong with each of them. **Answers may vary. Possible answer:**

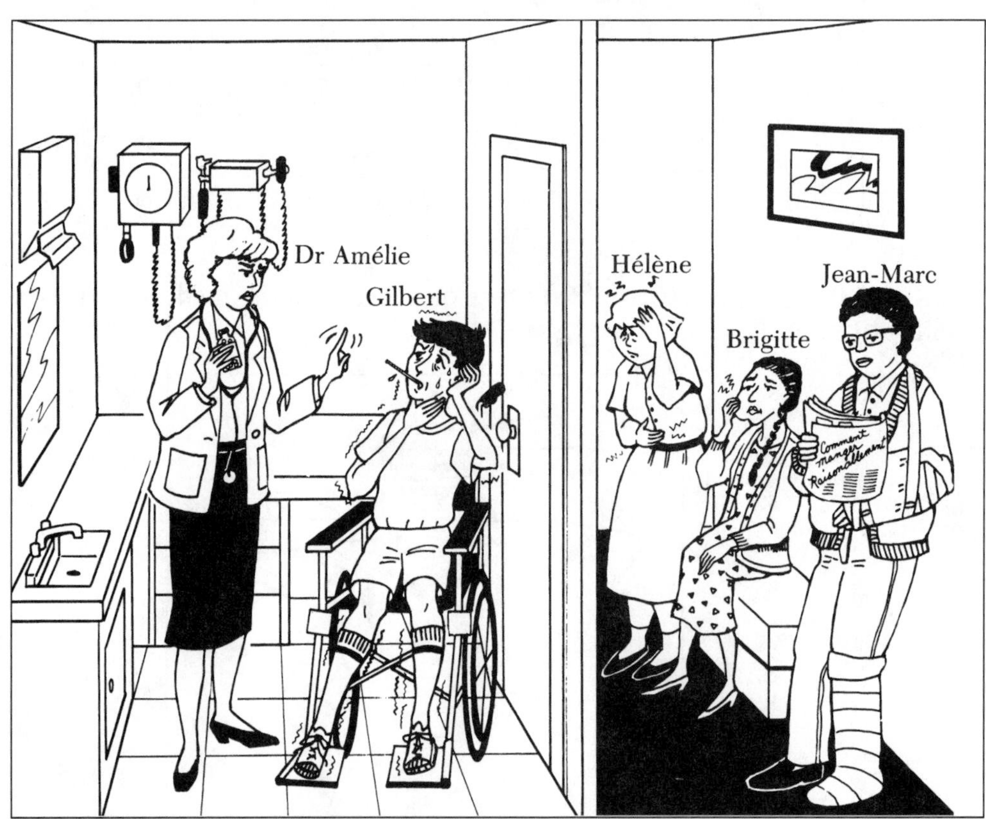

Gilbert a la grippe. Il a mal à la gorge et mal à la tête. Jean-Marc s'est cassé la jambe et le bras. Brigitte a mal aux dents. Hélène a mal à la tête et au ventre.

Nom ______________________ Classe ______________ Date ______________

DEUXIEME ETAPE

10 Vrai ou faux? Read this interview and decide whether the statements that follow are true or false.

— **Raphaël, tu t'entraînes pour les Jeux olympiques de 2000, c'est ça?**
— Oui, je m'entraîne pour le décathlon.
— **Tu fais toujours attention à ce que tu manges?**
— Oui, je mange beaucoup de légumes et de fruits.
— **Et pour te mettre en condition?**
— Chaque jour, avant d'aller à l'école, je fais du jogging. L'après-midi, après l'école, je fais de l'exercice : de la musculation, des abdominaux, des pompes...
— **Quoi d'autre?**
— Quatre fois par semaine, je fais de la natation. Trois jours par semaine, je fais de l'aérobic.

false 1. Raphaël is preparing to be an Olympic skater.
true 2. He eats a lot of fruits and vegetables.
false 3. Before school, he doesn't do any exercises or activities.
true 4. In addition to watching his diet, he swims and jogs.
false 5. He swims three days a week.

11 Les parties du corps Which part(s) of the body benefit from these exercises and sports? **Answers may vary. Possible answers:**

1. les pompes : **les bras**
2. les abdominaux : **le ventre**
3. l'aérobic : **les jambes, les bras, le dos**
4. le jogging : **les jambes**
5. le volley : **les bras, les jambes**
6. le vélo : **les jambes**

12 Méli-mélo Mets cette conversation dans le bon ordre.

8 — Euh... je joue quelquefois au golf.
5 — Tu dois te coucher plus tôt!
3 — Tu t'es couchée à quelle heure?
1 — Pauline, quelque chose ne va pas? Tu n'as pas l'air en forme.
10 — Mais, le jogging, c'est pas mon truc.
7 — Tu fais souvent de l'exercice?
4 — Vers minuit.
12 — Bonne idée!
6 — Oui, tu as raison. Je suis toujours fatiguée.
2 — Je ne me sens pas bien. Je n'ai pas bien dormi.
9 — Tu ferais bien de faire du jogging deux ou trois fois par semaine avec moi.
11 — Alors, pourquoi tu ne fais pas de l'aérobic?

13 Trop de conseils Tes amis sont toujours en train de te donner des conseils. Réponds-leur! **Answers may vary. Possible answers:**

C'est pas mon truc. Tu as raison. Bonne idée! Non, je n'ai pas très envie.
Je ne peux pas. Pas question! D'accord. Non, je préfère...

1. — Tu dois te coucher plus tôt!
   — Tu as raison.
2. — Tu ferais bien de faire de l'aérobic!
   — Non, je préfère faire du jogging.
3. — Pourquoi tu ne fais pas de cyclisme?
   — C'est pas mon truc.
4. — Tu n'as qu'à jouer au tennis cet après-midi.
   — Je ne peux pas.
5. — Tu ferais bien de faire du jogging avec moi.
   — Non, je n'ai pas très envie.

14 Au gymnase Tu travailles au gymnase. C'est à toi de recommander aux clients un programme d'entraînement. **Answers may vary. Possible answers:**

a. Fais des suggestions aux clients suivants.

1. — J'ai besoin de tonifier mes bras.
   — Tu dois faire des pompes et de la musculation.
2. — Je voudrais avoir un ventre plus plat.
   — Pourquoi tu ne fais pas des abdominaux?
3. — J'ai besoin de muscler mon corps entier.
   — Tu devrais faire de l'aérobic.
4. — Je voudrais être plus souple *(flexible)*.
   — Tu n'as qu'à faire de la gymnastique.

b. Design a detailed exercise program for a young man who wants to be a weight lifter. Tell what he should do, how often, and for how long or how many times. **Answers will vary.**

15 Mon cher ami Ton ami Lucien a beaucoup de problèmes en ce moment : il n'est pas en forme, il est toujours fatigué et il n'arrive pas à se concentrer à l'école. Ecris-lui un mot avec quelques suggestions. **Answers will vary.**

16 «A quoi bon?» How would these students express their discouragement? Be sure to vary the expressions. **Answers will vary. Possible answers:**

1. «Je suis au régime depuis quatre mois. Je n'arrive pas à maigrir.»
   J'abandonne!
2. «Je suis fatigué tout le temps et je dors en classe.»
   Je n'en peux plus!
3. «Mon entraîneur me demande de faire 100 pompes par jour.»
   Je suis crevé(e)!
4. «J'ai cinq ou six heures de devoirs tous les soirs.»
   Je craque!

17 Courage! Tu es conseiller/conseillère *(counselor)* de ta classe. Offre un peu d'encouragement aux élèves de l'activité 16 et fais-leur une recommandation pour résoudre leurs problèmes. **Answers may vary. Possible answers:**

1. **Courage! Encore un effort!**
2. **Tu devrais faire de l'exercice et tu ferais bien de te coucher plus tôt.**
3. **Allez! Fais encore dix pompes!**
4. **Pourquoi tu ne parles pas à tes profs? Ils peuvent sûrement t'aider.**

TROISIEME ETAPE

18 A ton avis,... C'est **a) bon** ou **b) mauvais?**

__b__ 1. Michèle suit un régime trop strict.

__b__ 2. Roland grignote entre les repas.

__a__ 3. Justin mange peu de sucre.

__b__ 4. Suzanne mange un seul repas par jour.

__a__ 5. Francine boit un litre et demi d'eau par jour.

__a__ 6. Philippe mange des légumes et des pâtes.

__b__ 7. Martine met trop de sel dans tous les plats.

__b__ 8. Léon ne fait jamais de sport.

__b__ 9. Gilles mange beaucoup de produits riches en matières grasses.

__a__ 10. Eliane se couche toujours de bonne heure.

19 Des habitudes Read Simon's interviews with two French-speaking students. Then indicate which boy is described in each of the statements that follow.

Karim Marzouk

— **Qu'est-ce que tu fais après l'école?**
— Oh, rien de spécial. Je rentre chez moi et je regarde la télé.
— **Tu ne fais pas de sport?**
— Non, c'est pas mon truc. Je dois en faire à l'école, mais c'est tout.
— **Qu'est-ce que tu aimes manger?**
— J'adore les hamburgers, les frites et la pizza.
— **Et qu'est-ce que tu prends pour le petit déjeuner?**
— Je suis toujours fatigué le matin, alors je me lève très tard. Je saute presque toujours le petit déjeuner parce que je suis pressé.

Didier Kouassi

— **Qu'est-ce que tu fais après l'école?**
— D'habitude, je fais de l'aérobic à la MJC ou de la musculation avec un copain.
— **Tu aimes faire du sport?**
— Oui, j'adore. Je fais du jogging tous les matins et du vélo le week-end. Quand je fais de l'exercice, je me sens très bien!
— **Est-ce que tu te nourris bien, à ton avis?**
— Oui, je crois que je me nourris assez bien. J'aime surtout les légumes et les fruits. Je mange aussi beaucoup de poisson, mais je ne mange jamais de viande. Enfin, je mange bien et je ne grignote pas entre les repas.
— **Qu'est-ce que tu prends pour le petit déjeuner?**
— D'habitude, je prends des céréales ou du yaourt avec des fruits.

Karim	Didier	
____	✓	1. He is interested in staying in shape.
✓	____	2. He usually skips breakfast.
✓	____	3. He likes fatty foods.
____	✓	4. He eats a lot of fruits and vegetables.
✓	____	5. He doesn't like to exercise.

20 Qu'est-ce que je dois faire? Micheline, a French volleyball player, is anxious to improve her health and eating habits. Several of her friends have given her advice. Write **oui** next to the advice she should follow and **non** next to the advice she should ignore.

oui 1. Ne saute pas de repas.

non 2. Evite de boire de l'eau.

oui 3. Evite de consommer trop de sel.

oui 4. Tu dois bien te nourrir.

non 5. Tu dois te coucher très tard.

oui 6. Tu ne devrais pas suivre un régime trop strict.

21 La santé You're working as an intern at a health center in France. Advise your clients about their health using the appropriate form of the verb **se nourrir**.

1. — Bonjour, Nathalie. Tu as maigri de cinq kilos! Tu **te nourris** bien?

   — Je mange beaucoup de légumes et de fruits. Enfin, Je **me nourris** bien, mais je suis toujours fatiguée. Par contre, mon frère **se nourrit** mal. Il saute des repas mais il a quand même beaucoup d'énergie.

   — On doit bien **se nourrir** mais on doit aussi faire de l'exercice pour se mettre en condition.

2. — Alors, M. et Mme Rondeau, est-ce que vous **vous nourrissez** bien?

   — On mange des pâtes et du riz et on ne mange pas du tout de viande! Donc, je pense que nous **nous nourrissons** suffisamment.

   — Mais, attention, ne suivez pas un régime trop strict et ne consommez pas trop de sel.

22 De bons conseils What would the doctor say in response to the following people?
Answers will vary. Possible answers:

C'est bon pour vous. Ne sautez pas... Vous ne devriez pas...
Ça vous fera du bien. Evitez de... C'est meilleur que...

1. J'ai trop de cholestérol.
   Evitez de manger des matières grasses.

2. Je vais essayer de faire plus d'exercice.
   Ça vous fera du bien.

3. Je ne maigris pas, pourtant je ne mange qu'un repas par jour.
   Vous ne devriez pas sauter des repas.

4. Je bois beaucoup d'eau minérale.
   C'est bon pour vous.

23 De mauvaises habitudes alimentaires Ton ami a de mauvaises habitudes. Regarde son menu et dis-lui ce qu'il devrait faire et ne pas faire, pour être en meilleure santé. **Answers will vary. Possible answers:**

Petit déjeuner: coca
Casse-croûte: pâtisseries, chocolat chaud
Déjeuner: sandwich au saucisson et fromage, chips, gâteau, coca
Casse-croûte: pop-corn, coca
Dîner: pizza, coca, glace

1. **Tu ne devrais pas sauter des repas.**
2. **Evite de manger trop de matières grasses.**
3. **Tu devrais manger des légumes.**
4. **Tu ne devrais pas grignoter entre les repas.**
5. **Tu devrais manger des fruits.**

24 Sondage Your French class is conducting a survey on students' health and eating habits. Respond to each of the following questions in a complete sentence. **Answers will vary.**

1. Est-ce que tu te couches souvent tard? A quelle heure?

____

2. En général, est-ce que tu te nourris bien?

____

3. Est-ce que tu sautes le petit déjeuner? Dans quelles circonstances?

____

4. Est-ce que tu manges des fruits et des légumes? Lesquels?

____

5. Est-ce que tu fais du sport? Lesquels?

____

6. Est-ce que tu vas au gymnase quelquefois? Qu'est-ce que tu y fais?

____

7. Est-ce que tu bois assez d'eau chaque jour?

____

8. Les autres membres de ta famille, est-ce qu'ils se nourrissent bien ou mal?

____

9. Est-ce que tu grignotes entre les repas?

____

LISONS!

L'été est une bonne période pour commencer une activité sportive. Ce coup de "starter" de la forme sera votre assurance anti-kilos pour l'été prochain. Quel sport choisir?

La marche : pour entretenir la forme. Lorsque vous marchez, vous utilisez plus de la moitié des muscles du corps... Marchez d'un pas vif et sur des distances de plus en plus longues. Le golf est un sport d'adresse qui relève également de la marche. Il fait travailler plus spécialement les bras et les épaules, affine la taille. Promenade en forêt ou golf, en une heure, vous perdez 300 calories!

Le jogging : pour garder la ligne. Déconseillé aux personnes d'un certain âge et à celles qui n'ont jamais fait de sport, le jogging est particulièrement bon pour le cœur et les poumons. Il aide également à conserver la ligne. Au début, arrêtez-vous dès que vous vous sentez fatigué car il ne faut jamais forcer. Vous dépensez 350 à 420 calories en une heure.

La natation : pour se muscler en douceur. Sport excellent pour la respiration et la circulation sanguine, la natation affermit tous les muscles. Comme pour la marche, il n'est pas nécessaire de nager vite. Mieux vaut parcourir de nombreuses longueurs de bassin. La dépense de calories est de 300 à 350 par heure.

La bicyclette : pour les jambes et les cuisses. Ce sport remodèle cuisses et mollets. Pour que l'exercice soit utile, il faut le pratiquer au moins 30 minutes, trois fois par semaine. 300 à 350 calories dépensées en une heure.

Le tennis : pour les abdominaux et les jambes. Le tennis donne de la souplesse, fortifie les muscles abdominaux et amincit les jambes. A pratiquer une ou deux fois par semaine. La dépense énergétique est de 270 à 400 calories, selon le rythme adopté pendant la partie.

25 Des renseignements After you've read the article, use the information to complete the chart below in English. **Answers may vary. Possible answers:**

Activity	Excellent for:	Calories burned:
walking	**almost all muscles**	**300**
jogging	**heart and lungs**	**350–420**
swimming	**respiration, circulatory system and most muscles**	**300–350**
biking	**legs**	**300–350**
tennis	**abs and legs**	**270–400**

26 Maintenant, à toi Imagine que tu commences une activité sportive. Quel sport est-ce que tu choisis? Pourquoi? **Answers will vary.**

____

____

____

____

PANORAMA CULTUREL

27 A la pharmacie What are some of the differences between the French **pharmacie** and the American drugstore? **Answers may vary. Possible answers:**

French pharmacies are marked with a green cross. In France, you can only fill a prescription at a pharmacy.

28 Les deux font la paire Can you match these French expressions with their English equivalents?

e	1. Quand les poules auront des dents!	**a.**	on a whim
f	2. Ça me fait une belle jambe!	**b.**	to split hairs
g	3. Loin des yeux, loin du cœur.	**c.**	at the drop of a hat
c	4. au pied levé	**d.**	I can't believe it!
h	5. mettre les pieds dans le plat	**e.**	When pigs fly!
a	6. sur un coup de tête	**f.**	A lot of good that does me!
b	7. couper les cheveux en quatre	**g.**	out of sight, out of mind
d	8. Les bras m'en tombent!	**h.**	to put your foot in your mouth

29 A ton avis From what you've learned, do you think there are any differences between the French and American attitudes toward health? If not, how are they similar? **Answers will vary.**

Nom _______________ Classe _______________ Date _______________

C'était comme ça

MISE EN TRAIN

1 Vrai ou faux? How well do you remember Koffi and Sandrine's conversation in **La Nostalgie?** Tell whether these sentences are true or false.

false 1. Koffi is Sandrine's cousin.

false 2. Sandrine likes Abidjan better than her village.

false 3. In the village, she didn't have to help out at home after school.

true 4. She used to go to a small school.

true 5. She misses her village and her friends.

false 6. There weren't many animals in her village.

false 7. Sandrine likes Abidjan because she's anonymous; no one knows her.

true 8. Koffi thinks Sandrine will love Abidjan within a few weeks.

2 Ville ou village? Which of these words and phrases does Sandrine associate with her village and which does she associate with the city of Abidjan? Group the expressions in the appropriate circle below.

chanter petit danser seuls appartements discuter se promener se réunir grand écouter de la musique organiser des fêtes merveilleux super prendre le bus

VILLAGE

chanter petit danser
discuter se promener
écouter de la musique se réunir
organiser des fêtes super
merveilleux

VILLE

seuls appartements
grand prendre le bus

CHAPITRE 8 Mise en train

PREMIERE ETAPE

3 Pensées nostalgiques Match each quotation with the picture that illustrates what the speaker misses.

a.  b.  c.  d. 

c 1. «Mon prof de maths me manque beaucoup.»

b 2. «Ce qui me manque, c'est mes grands-parents.»

a 3. «Ma maison me manque.»

d 4. «Mes copines me manquent.»

4 Ton ancienne école Imagine you've moved to a new house and you're going to a new school. Write at least four sentences telling what you do and don't miss about your old school. **Answers will vary. Possible answers:**

Ce qui me manque, c'est... Je regrette... ...me manquent. ...me manque. Je ne regrette pas... ...ne me manque pas. ...ne me manquent pas. Ce qui ne me manque pas, c'est...

Ce qui me manque, c'est mes amis.

Mon prof d'anglais ne me manque pas.

Mon prof de biologie me manque.

Je ne regrette pas les interros de géo.

5 Le nouvel élève The new student misses his friends, his hometown, even his school! What would you say to console him? **Answers will vary. Possible answers:**

1. — Je n'aime pas trop mes nouveaux profs!
   — Fais-toi une raison.
2. — L'école est tellement grande!
   — Tu vas te plaire ici.
3. — Les élèves sont snobs!
   — Tu vas voir qu'ils sont sympa.
4. — La ville est dangereuse!
   — Mais non, tu vas t'y faire.

6 Chez moi, c'était... David, an American exchange student, is talking to his friend Annick. He's comparing life in his small Texas hometown with life in Paris. Complete their conversation using expressions from the box below. **Answers may vary. Possible answers:**

tranquille	stressante	relaxant	animée	génial
calme	mortelle	propre		

ANNICK C'était comment au Texas, David?

DAVID Dans ma ville, il n'y avait pas de bruit et pas de stress. C'était très **tranquille** et **relaxant**.

ANNICK C'était tellement différent de la vie ici?

DAVID Ben, oui. A Paris, la vie est un peu **stressante** parce que les gens travaillent tout le temps. Chez moi, tout le monde était plus **calme**.

ANNICK La vie chez toi me semble assez **mortelle**.

DAVID Mais non, on ne s'ennuie pas. Ma ville était moins **animée**, c'est tout.

ANNICK Est-ce qu'il y a de la pollution chez toi?

DAVID Pas du tout. C'est une ville très **propre**. L'année prochaine, quand tu vas m'y rendre visite, tu vas voir, c'est **génial**!

7 Qu'est-ce qu'elle a changé, la ville! Adama n'a pas vu sa ville natale depuis l'âge de cinq ans. Il y retourne et découvre que tout a changé. Complète ses phrases avec des expressions qui conviennent. **Answers may vary. Possible answers:**

1. La ville est bruyante maintenant. Avant, **elle était tranquille**.
2. Avant, la ville était propre. Maintenant, **elle est sale**.
3. C'est animé maintenant. Avant, **c'était mortel**.
4. Se promener en ville la nuit, c'était relaxant. Maintenant, **c'est un peu dangereux**.
5. Les gens sont très stressés. Avant, **ils étaient toujours calmes**.
6. Le marché est très vivant. Avant, **c'était tranquille**.
7. Avant, la ville était calme. Maintenant, **elle est animée**.
8. La plage est sale. Avant, **elle était propre**.
9. Faire les courses, c'était génial. Maintenant, **c'est nul**.

8 Souvenirs de la Martinique Jane's pen pal recently moved from Martinique to Colmar. Read her letter and fill in the blanks with the appropriate imperfect forms of **avoir** or **être.**

Chère Jane,

Colmar, c'est très joli. Il y a beaucoup de montagnes pas loin, et cet hiver, il y aura de la neige. Mais la Martinique et mes amis me manquent quand même. Puisque nous habitions si près de la mer, nous **avions** *(avoir) un bateau à voile. C'* **était** *(être) toujours tranquille et relaxant à Fort-de-France. Je regrette les sports nautiques. Mon frère et moi, on allait à la pêche tous les matins avant d'aller à l'école. Je regrette aussi les fleurs et même les insectes. Ce qui me manque le plus, c'est les arbres. Devant ma maison en Martinique, il y* **avait** *(avoir) de grands palmiers et des cocotiers. Je ne regrette pas notre maison de Martinique. Elle* **était** *(être) trop petite pour toute ma famille. Ma nouvelle chambre est super-jolie avec des murs blancs, un très grand lit et beaucoup de fenêtres. En Martinique, ma chambre* **était** *(être) très petite et les murs* **étaient** *(être) verts. Je n'* **avais** *(avoir) ni armoire ni commode. J'aimerais avoir de tes nouvelles. Ecris-moi vite.*

A bientôt,

Sandrine

9 Un déménagement difficile! Your family recently moved into an apartment in the center of Paris. Write a letter to a friend telling how your life has changed and what you miss about where you used to live. **Answers will vary.**

Nom ______________________ Classe ______________ Date ______________

DEUXIEME ETAPE

10 Marcel ou Jean-Luc? Based on your grandmother's descriptions, indicate if the statements that follow refer to your cousin Marcel or Jean-Luc.

Marcel était un très bon garçon. Chaque jour, il aidait sa mère à la maison. Bien sûr, il rangeait toujours sa chambre. Il se levait toujours tôt pour faire la vaisselle. Après l'école, il jouait avec son frère et il promenait le chien. Tous les week-ends, il tondait le gazon. Il faisait toujours ses devoirs et il avait de très bonnes notes. Il ne faisait jamais de bêtises. C'était un petit ange.

Jean-Luc était assez gentil. Il avait de bonnes notes, sauf en maths, parce qu'il n'était pas doué pour cette matière. Il aimait faire la sieste après l'école, donc quelquefois, il oubliait de faire ses devoirs. Quelquefois, il taquinait sa sœur. De temps en temps, il ennuyait ses parents, mais en général, c'était un bon garçon.

MARCEL	JEAN-LUC	
______	X	1. He sometimes annoyed his parents.
X	______	2. He used to play with his brother.
______	X	3. He used to tease his little sister.
X	______	4. He never did silly things.
______	X	5. He wasn't a very good math student.
X	______	6. He used to mow the lawn.

11 Un sondage Respond to this survey by checking **oui** or **non** for each of the statements. Then tally and interpret your score according to the guidelines that follow. **Answers will vary.**

QUAND J'ETAIS JEUNE,...	OUI	NON
1. j'aidais mes parents.		
2. j'ennuyais ma mère.		
3. je regardais beaucoup la télé.		
4. je jouais avec mes frères et mes sœurs.		
5. je rangeais ma chambre.		
6. je faisais toujours des bêtises.		
7. je taquinais mes amis.		
8. j'avais de bonnes notes.		
9. j'étais souvent collé(e).		
10. j'arrivais toujours en retard à l'école.		

3 points si tu as répondu **Oui** aux questions : 1, 4, 5, 8

3 points si tu as répondu **Non** aux questions : 2, 3, 6, 7, 9, 10

24-30 points : Tu étais un vrai petit ange quand tu étais enfant. Est-ce qu'aujourd'hui tu es toujours aussi bien élevé(e), aussi serviable et aussi gentil(le)?

15-23 points : Tu étais l'enfant rêvé(e) des baby-sitters. Même si tu n'étais pas parfait(e), tu faisais de ton mieux pour le devenir.

Moins de 15 points : Tu étais plutôt du genre enfant terrible quand tu étais petit(e). Si tu pouvais revenir en arrière, est-ce que tu te comporterais de la même façon?

12 Quand j'étais jeune... Tell five things you used to do when you were young. Use the expressions below or others, if you choose. **Answers will vary. Possible answers:**

Quand j'étais petit(e),... Quand j'étais jeune,... Quand j'avais... ans,...	taquiner faire avoir ennuyer conduire être ???

1. **Quand j'avais six ans, j'étais très pénible.**
2. **Quand j'étais jeune, je faisais des bêtises.**
3. **Quand j'étais petite, j'avais beaucoup de livres.**
4. **Quand j'avais cinq ans, je faisais du patin à glace.**
5. **Quand j'avais dix ans, je taquinais mes sœurs.**

13 Autrefois ou maintenant? You work at a recording studio and the cue cards for two scenes are mixed up. Sort out the cards by putting **A** in the box under all the lines for the scene about the past, and **B** in the box under the lines for the scene about the present.

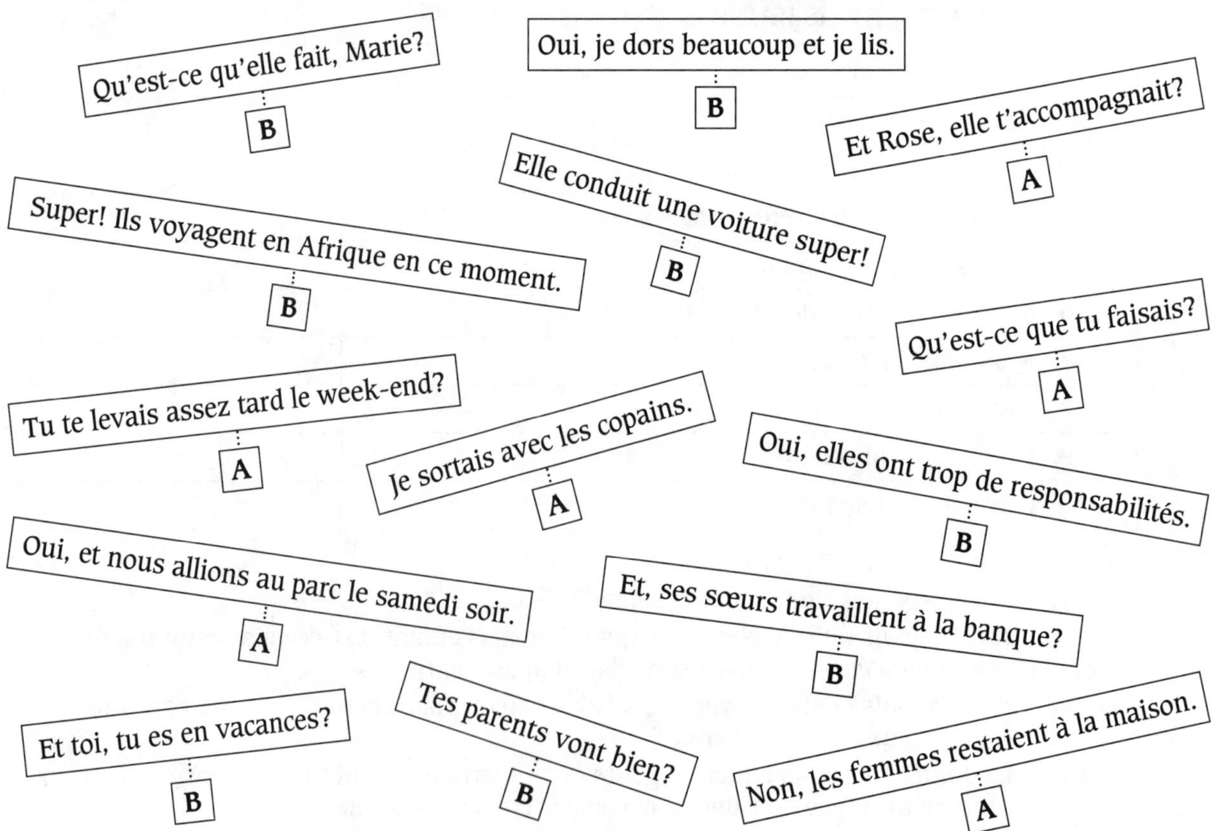

Nom ______________________ Classe ____________ Date ____________

14 **L'enfance de mon père** Pour un cours d'histoire, Marion interviewe son père sur sa vie quand il était jeune. Remplis les blancs avec les formes correctes des verbes à l'imparfait.

MARION Papa, quand tu **étais** (être) petit, la vie **était** (être) comment?

SON PERE Quand j'**étais** (être) jeune, la vie **était** (être) beaucoup plus simple. Mon frère, ma sœur et moi, on **allait** (aller) à l'école, on **travaillait** (travailler) et on **jouait** (jouer) ensemble. On **habitait** (habiter) à la campagne, alors on **avait** (avoir) beaucoup de responsabilités. Mon frère Pierre **aidait** (aider) mon père dans les champs. Moi, je **donnais** (donner) à manger aux poules et aux cochons. Ma sœur **aidait** (aider) ma mère dans la maison : elles **faisaient** (faire) la vaisselle, la lessive et la cuisine ensemble.

MARION Qu'est-ce que vous **faisiez** (faire) pour vous amuser?

SON PERE On n'**avait** (avoir) pas la télévision, donc, on **jouait** (jouer) aux cartes, on **parlait** (parler) et on **lisait** (lire). J'**adorais** (adorer) lire et j'**allais** (aller) à la bibliothèque chaque semaine, même en hiver.

15 **Le pauvre roi** Le roi avait deux enfants très différents. La princesse était une enfant sage alors que le prince était très difficile. Fais une description du prince et de la princesse quand ils étaient petits. Comment étaient-ils et qu'est-ce qu'ils faisaient pour mériter leur réputation?
Answers will vary.

Le prince ____

____

____

____

____

La princesse ____

____

____

____

____

Et toi?
Est-ce que tu ressemblais au prince ou à la princesse quand tu étais petit(e)? Comment?

____

____

____

____

TROISIEME ETAPE

16 De l'espionnage Decode each of the words below. The numbers in bold type spell out a souvenir that Didier bought for his friends at the market in Abidjan.

maquis mosquée pagnes panier poterie tam-tams tissu

						8 m	1 o	11 s	12 q	9 u	3 é	13 e
					5 p	**4** a	2 n	6 i	13 e	7 r		
	5 p	4 a	10 g	2 n	13 e	**11** s						
				8 m	4 a	**12** q	9 u	6 i	11 s			
		14 t	6 i	11 s	11 s	**9** u						
			5 p	1 o	14 t	**13** e	7 r	6 i	13 e			
14 t	4 a	8 m –	14 t	4 a	8 m	**11** s						

Didier a acheté des **masques** pour ses copains.

17 Un tour d'Abidjan Use the words from Activity 16 to complete the letter below.

Abidjan, le 15 août

Chère Caroline,

J'adore Abidjan. Je suis très contente de passer mes vacances ici. Je fais plein de choses. D'abord, avec mes parents, on est allés voir une **mosquée**. Malheureusement, on n'a pas pu y entrer parce que les salles de prières sont réservées aux musulmans. Ensuite, on a acheté des **masques** au marché d'artisans. Ma mère adore les habits africains, alors, elle a décidé de s'en faire quand on rentrera en France. Elle a acheté des dizaines de mètres de **tissu**! Elle veut porter un **pagne**. Toutes les femmes en portent ici. Moi, j'ai acheté un **tam-tam** pour Cédric. Je pense que ça lui fera plaisir; il adore la musique. Ma sœur s'est acheté un **panier**. Les femmes s'en servent pour porter des choses sur la tête. On est aussi allés goûter des spécialités locales dans un petit **maquis** près de notre hôtel. Voilà ce qu'on a fait pour l'instant. Bon, je te laisse.

Gros bisous,

Adriane

18 Qu'est-ce que j'achète? Cédric can't decide what gifts to bring back from Abidjan for his family. Tell him what you think he should buy. **Answers will vary. Possible answers:**

1. — Tu as une idée de cadeau pour mon frère? Il adore la musique.
   — **Offre-lui des tam-tams.**
2. — Qu'est-ce que je pourrais offrir à ma mère? Elle aime les vêtements originaux, surtout africains.
   — **Tu pourrais lui offrir un pagne.**
3. — Tu as une idée de cadeau pour mon père? Il s'intéresse aux objets d'art.
   — **Offre-lui un masque.**
4. — Qu'est-ce que je pourrais acheter à ma sœur?
   — **Tu pourrais lui offrir du tissu africain.**

19 Méli-mélo Sandrine et Koffi parlent de ce qu'ils veulent faire aujourd'hui. Remets les phrases de leur conversation dans le bon ordre en les numérotant de 1 à 7. **Answers may vary. Possible answers:**

4 — Je l'ai visitée hier. Qu'est-ce qu'elle est belle!
2 — Allons-y plus tard. Je n'ai pas encore faim.
6 — C'est une bonne idée. J'ai besoin d'acheter des cadeaux pour ma famille.
1 — Si on allait au maquis?
7 — Bon. On commence par le marché de Treichville...
5 — Oui, très. Et si on allait au marché?
3 — Tu veux aller voir la cathédrale Saint-Paul, alors?

20 Expressions emmêlées Mets ces suggestions dans le bon ordre.

1. maquis / déjeunait / on / dans / si / un
   Si on déjeunait dans un maquis ?
2. on / si / mosquée / allait / la / voir
   Si on allait voir la mosquée ?
3. visitait / la / on / Saint-Paul / cathédrale / si
   Si on visitait la cathédrale Saint-Paul ?
4. des / on / si / photos / prenait
   Si on prenait des photos ?
5. des / on / au / poteries / marché / si / achetait
   Si on achetait des poteries au marché ?

21 Si on visitait Abidjan? Respond to your friend's suggestions. You should agree to at least one of them. **Answers may vary. Possible answers:**

1. Si on allait voir un match de football?
   Comme tu veux.
2. Si on achetait du tissu au marché?
   Non, ça ne me dit rien.
3. Si on écoutait de la musique africaine?
   D'accord.
4. Si on goûtait des spécialités ivoiriennes dans un maquis?
   Bonne idée! J'ai faim.

22 Comme tu veux Aminata, who lives in the country, is visiting her cousin Djeneba in Abidjan. Aminata doesn't know what she wants to do, but Djeneba finally suggests something that interests her. Create this conversation. **Answers will vary.**

LISONS!

Abidjan, le Paris de l'Afrique

A VOIR

La cathédrale Saint-Paul C'est une très belle cathédrale catholique. A aller voir de préférence le dimanche à 9h30, quand il y a un chœur. Visite possible le dimanche à 11h également. Attention, pas de visites durant la semaine.

Le Musée national d'Abidjan Ce musée abrite une merveilleuse collection de plus de 20.000 objets d'art (statues en bois, masques, poteries, objets en bronze et en cuir). Visites de 9h à 12h et de 15h à 18h. Fermé le lundi.

Le parc du Banco Situé aux limites de la ville, c'est une réserve naturelle qui attire de nombreux touristes. Le matin, vous pourrez aussi y voir les célèbres «laveurs» qui viennent faire leur lessive dans la rivière du Banco.

A DEGUSTER

Votre visite d'Abidjan n'est pas complète si vous n'allez pas manger dans un des nombreux maquis. Essayez **les spécialités régionales,** surtout l'aloco et le foutou.

MARCHÉS

Les meilleurs endroits pour trouver des objets artisanaux sont les marchés : **le marché de Cocody, le marché du Plateau** ou **le marché de Treichville.**

EXCURSIONS

Grand Bassam A 40 km d'Abidjan. Grand Bassam était la capitale de la Côte d'Ivoire jusqu'au début du vingtième siècle. Le centre-ville est en ruine mais on commence à y restaurer les bâtiments. Vous pouvez y essayer l'un des nombreux maquis ou tout simplement vous reposer sur les magnifiques plages où des cabanes sont offertes en location.

Bingerville A 15 km d'Abidjan. Une petite ville charmante construite sur un plateau. Allez voir **les jardins botaniques** dont les fleurs, épices et autres plantes vous enchanteront. Vous pouvez aussi y admirer l'ancien **palais du Gouverneur,** aujourd'hui un orphelinat, qui est un bon exemple de l'architecture coloniale. De 8h à 18h, visitez également **l'Atelier d'art,** une école d'art pour les jeunes Africains.

23 Les recommandations Which of the sites listed above would you recommend to a friend who is interested in . . .

1. studying flowers and other plants? **les jardins botaniques à Bingerville, le parc du Banco**
2. trying exotic new foods? **un maquis**
3. studying different types of architecture? **le palais du Gouverneur**
4. going to the beach? **Grand Bassam**
5. looking at sculptures, pottery, and masks? **le Musée national d'Abidjan**

24 A toi Which of these places would you be most interested in visiting? Why? **Answers will vary.**

PANORAMA CULTUREL

25 Au lycée What is life like for high school students in **Côte d'Ivoire?** What are the advantages and disadvantages of their system? **Answers may vary. Possible answers:**

In Côte d'Ivoire, high schools are competitive, so going to high school is a privilege.

Students often have to leave their villages and families to continue their studies.

Possible advantages: Students probably behave very well in class and take their studies seriously, so they don't lose the opportunity to continue their education.

Possible disadvantages: Not everyone gets to go to high school. You have to leave your family and go to the city to study.

26 Les comparaisons What are some differences and similarities between life in an African village and life in a small town in the United States? **Answers will vary. Possible answers:**

Possible differences: In some African villages, there is no electricity or running water, so many things that are done by machines here must be done there by hand. People cook over open fires, fetch and carry water, and walk instead of drive.

Possible similarities: People know each other and know what everyone is doing. People are friendlier than in the cities. People work together.

CHAPITRE 9

Nom ______________________ Classe ______________ Date ______________

Tu connais la nouvelle?

MISE EN TRAIN

1 Qui...

Arlette

Odile

Charlotte

Pascale

Arlette 1. était au parc avec Cédric?

Charlotte 2. ne croit pas qu'il y ait quelque chose entre Cédric et Arlette?

Pascale 3. part parce qu'elle ne veut pas parler avec Cédric?

Odile 4. aime les complications?

Odile 5. a vu Cédric et Arlette dans le parc?

Pascale 6. est fâchée?

2 Il ne faut pas se fier aux apparences Complète le journal d'Odile.

petit copain **raconté** **apparences** **vu** **avaient** **dit** **fâchée** **embrassé** **tendrement** **amoureux**

Cher journal,

Aujourd'hui, j'ai **vu** Cédric et Arlette dans le parc. Ils **avaient** l'air de bien s'entendre. Ils se parlaient **tendrement** et Cédric a **embrassé** la main d'Arlette. Quand j'ai **raconté** l'histoire à Charlotte, elle a **dit** que je voyais des histoires d'amour partout et qu'on ne devait pas se fier aux **apparences**. Cédric est le **petit copain** de Pascale. Mais il avait l'air d'être **amoureux** d'Arlette. Maintenant, Pascale est **fâchée** et Cédric ne comprend pas pourquoi.

PREMIERE ETAPE

3 Des réactions Comment sont ces gens d'après ce qui leur est arrivé? **Answers may vary. Possible answers:**

c 1. Sylvain a renversé du coca sur son pantalon.
d 2. Philippe a gagné cent francs.
b 3. Jean-Paul a eu 7 à son interro de biologie.
e 4. Antoine n'a pas reçu de nouvelles de sa petite amie depuis une semaine.
a 5. Pierre a rencontré la fille de ses rêves.

a. Il est amoureux.
b. Il est déprimé.
c. Il est énervé.
d. Il est de bonne humeur.
e. Il est inquiet.

4 Des humeurs contraires Mets chaque expression dans la catégorie qui lui correspond.

content fâché furieux amoureux inquiet de mauvaise humeur
déprimé gêné de bonne humeur mal à l'aise heureux

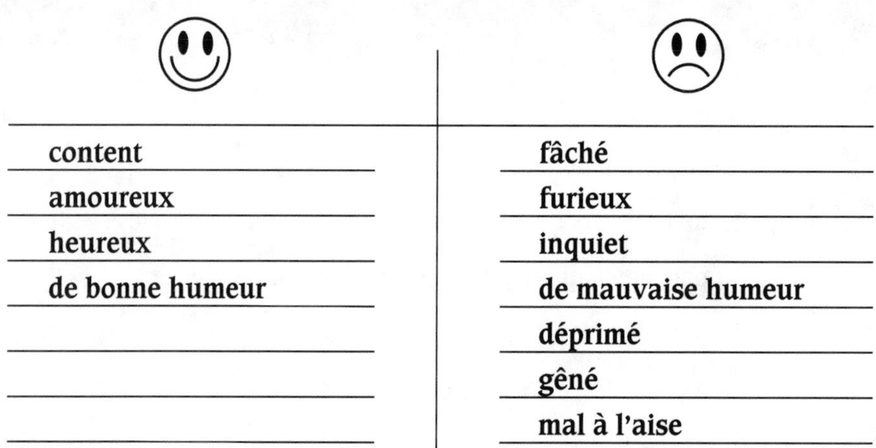

☺	☹
content	fâché
amoureux	furieux
heureux	inquiet
de bonne humeur	de mauvaise humeur
	déprimé
	gêné
	mal à l'aise

5 Comment tu te sens? Comment tu te sens quand tu es dans les situations suivantes? **Answers may vary. Possible answers:**

Exemple : Tu dois parler devant toute la classe.
Je suis gêné(e).

1. Tu as un A en français.
   Je suis de bonne humeur.
2. Tu dînes avec des gens que tu ne connais *(know)* pas.
   Je suis mal à l'aise.
3. Tes parents te disent que tu ne peux pas sortir.
   Je suis déprimé(e).
4. Tu as perdu ton portefeuille.
   Je suis inquiet (inquiète).
5. Tu n'as pas entendu ton réveil et tu es en retard pour l'école.
   Je suis de mauvaise humeur.

6 A la cantine Tu es à la cantine avec tes amis et vous parlez de vos camarades de classe. Choisis la phrase qui répond le mieux à chaque remarque.

__c__ 1. Je me demande pourquoi Gilbert est de mauvaise humeur.

__e__ 2. Je crois que Karima regrette sa vie au Maroc.

__d__ 3. Je parie que Maurice s'est bien amusé ce week-end.

__a__ 4. Je me demande pourquoi Li n'était pas en classe aujourd'hui.

__b__ 5. Madeleine a l'air déprimée. Peut-être qu'elle a raté son interro d'histoire.

a. Je crois qu'elle a la grippe.

b. Tu as peut-être raison. Ce n'est pas son fort.

c. Peut-être qu'il a raté son interro d'anglais.

d. Evidemment. Il est allé dans un parc d'attractions super.

e. C'est possible. Elle a l'air déprimée.

7 Tu es d'accord ou non? Imagine que ton ami te dise les choses suivantes. Comment tu lui réponds? **Answers will vary. Possible answers:**

Exemple : Je crois que tu vas rencontrer Matt Damon.
C'est possible. Je vais à Los Angeles en juin.

1. A mon avis, tu as un peu grossi.
   Tu te trompes! J'ai maigri.
2. Je parie que tu vas gagner ton match de tennis.
   C'est possible.
3. Je crois que tu vas avoir une bonne note à ton interro.
   Ce n'est pas possible. Je n'ai pas étudié.
4. Tu vas en France l'été prochain, non?
   Je ne crois pas. Je n'ai pas d'argent.
5. A mon avis, tu devrais faire de l'exercice.
   Tu as peut-être raison. Je me sens tout(e) raplapla.
6. Je parie que ton amie est amoureuse d'un garçon dans ma classe.
   A mon avis, tu te trompes.
7. Je crois que notre professeur est de bonne humeur aujourd'hui.
   Ça se voit.
8. Bharati a l'air inquiète aujourd'hui. Je me demande si elle a reçu une lettre de son ami.
   C'est possible.
9. A mon avis, tu ne dois pas sortir tard le soir. C'est dangereux.
   Tu as peut-être raison.

Nom ________________ Classe ____________ Date ____________

8 A ton avis Tell how your four classmates look in the illustrations below and what you think might have happened to make them feel that way. **Answers may vary. Possible answers:**

Bryan

Denise

Jason

Juan

1. **Bryan est de mauvaise humeur. Je crois qu'il a raté le bus et qu'il est arrivé à l'école en retard.**
2. **Denise est de bonne humeur. Je parie qu'elle a gagné son match de tennis ce week-end.**
3. **Jason est étonné. Je crois que Marguerite lui a téléphoné.**
4. **Juan est déprimé. Peut-être qu'il a perdu son match de football.**

9 Qu'est-ce qui se passe? You look out a window of your house and see an ambulance at the house across the street. How many different explanations can you think of? **Answers will vary.**

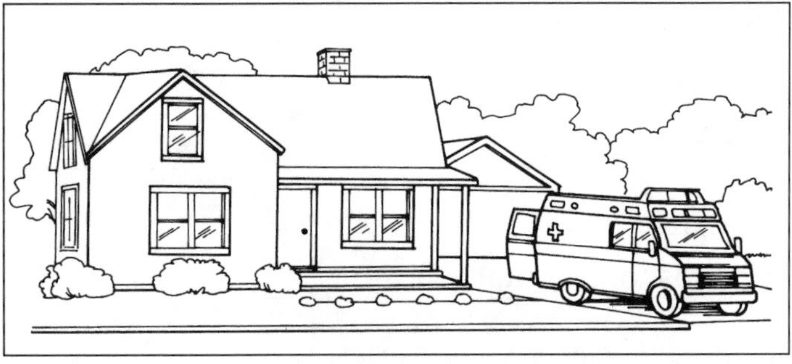

se casser quelque chose
se couper
tomber
se disputer
avoir un accident
se faire mal à
???

Nom ______________________ Classe ______________ Date ______________

DEUXIEME ETAPE

10 Quel week-end! Lis cette lettre que ton amie Brigitte t'a envoyée pour te raconter son week-end, puis réponds aux questions suivantes. **Answers may vary. Possible answers:**

Quel week-end! Tu ne devineras jamais ce qui s'est passé! D'abord, j'ai eu un petit accident samedi matin. C'était pas grave, mais je suis arrivée en retard au travail. J'ai raté un rendez-vous avec un client important et mon patron avait l'air fâché. Ensuite, à midi, je me suis disputée avec Jean, mon petit ami. Heureusement, on n'a pas cassé. On a décidé de sortir dimanche. Dimanche, je devais retrouver Jean au café, mais en route, ma voiture est tombée en panne et j'ai manqué notre rendez-vous. Du coup, il a rencontré une fille au café et ils sont allés au cinéma. Qu'est-ce que je peux faire? Je suis vachement déprimée.

Brigitte

1. Why did Brigitte get to work late?
   She had a little accident.

2. Why was her boss angry?
   She missed an important meeting.

3. What happened during lunch?
   She had an argument with her boyfriend.

4. Why did Brigitte miss her date with Jean?
   Her car broke down.

5. What happened to Jean at the café?
   He met another girl.

11 Mets dans l'ordre Mets l'histoire de François et de Janine dans le bon ordre.

__2__ François est allé chercher Janine chez elle.
__6__ François a réparé la voiture.
__1__ Vendredi soir, François et Janine avaient rendez-vous.
__8__ Janine a été privée de sortie.
__5__ Avant d'arriver au café, ils sont tombés en panne.
__4__ Après le film, ils ont décidé d'aller au café.
__7__ Janine est rentrée chez elle très tard.
__9__ Elle a fait la tête pendant tout le week-end.
__3__ Ils sont allés au cinéma.

12 Raconte! Your friend, Brett, is giving you news about some of your friends. Ask him a logical follow-up question based on the information he gives you. **Answers may vary. Possible answers:**

1. Marc et Louise ne se parlent plus.
   Est-ce qu'ils se sont disputés?
2. Omar s'est cassé la jambe.
   Est-ce qu'il a eu un accident?
3. Guillaume a rencontré une fille super-sympa à Abidjan!
   Il est tombé amoureux d'elle?
4. Mon frère a dû prendre un taxi hier.
   Sa voiture est tombée en panne?
5. Alice et Donna sont rentrées très tard de leur randonnée.
   Elles se sont perdues?

13 Les nouvelles Ton ami(e) qui a déménagé voudrait avoir des nouvelles de vos copains du lycée. (Qui a cassé avec qui? Qui est amoureux(euse) de qui? Qui a eu un accident? Qui est privé(e) de sortie et pourquoi? etc.) Exagère un peu les faits. **Answers will vary.**

Tu connais la nouvelle? **Tu ne devineras jamais...** **Tu sais ce que...**
Tu sais qui... **Devine ce que...** **Devine qui...**

____
____
____
____
____
____

14 Vive l'amour Adèle's grandfather is telling her how he met her grandmother. Read their conversation and then choose the reason why each verb in bold type is in the **imparfait** or the **passé composé. Answers may vary. Possible answers:**

Imparfait	Passé composé
a. describes something/someone in the past **b.** tells what used to happen **c.** sets the scene	**d.** tells what happened

— Dis, Papy, tu me racontes comment tu **(1) as rencontré** Mammie?

— Si tu veux. C'**(2) était** en mil neuf cent quarante-huit. J'**(3) avais** dix-neuf ans. J'avais quitté ma famille pour aller à l'université à Lyon. J'**(4) étais** seul et très déprimé. J'**(5) allais** souvent me promener au parc de la Tête d'Or. C'est là que j'**(6) ai vu** ta grand-mère pour la première fois. Elle **(7) était** si belle! Je **(8) suis tombé** amoureux d'elle; c'était le coup de foudre!

— Tu lui **(9) as parlé** tout de suite?

— Oui. J'**(10) étais** très gêné parce que je ne la connaissais pas. Mais elle **(11) était** très gentille. J' **(12) allais** au parc tous les jours à cette époque-là. On **(13) est devenus** amis et puis, on **(14) a commencé** à sortir. Tu connais la suite.

1. d 2. c 3. a 4. a 5. b 6. d

7. a 8. d 9. d 10. a 11. a 12. b

13. d 14. d

15 Une histoire marseillaise In the space below, create your own **histoire marseillaise. Answers will vary.**

CHAPITRE 9 Deuxième étape

Nom ______________________ Classe ______________ Date ______________

TROISIEME ETAPE

16 La star Choose the appropriate words or expressions to complete Ariane and Maud's conversation. **Answers may vary. Possible answers:**

à propos de | donc | à ce moment-là | bref | heureusement | quoi | c'est-à-dire que | tu vois | malheureusement | raconte | aucune idée | dis vite

ARIANE Tiens, Maud, devine un peu ce qui m'est arrivé.

MAUD **Aucune idée**. Raconte!

ARIANE Eh bien, figure-toi qu'hier, Elvire et moi, on est allées sur les lieux du tournage du dernier film de Luc Besson.

MAUD Ah oui, j'ai entendu dire que c'était filmé dans la région.

ARIANE Oui. **Bref**, on a vu Luc Besson qui s'approchait de nous.

MAUD C'est pas vrai!

ARIANE Si, et tu sais ce qui s'est passé?

MAUD **Dis vite**!

ARIANE Il m'a demandé si je voulais bien jouer un petit rôle dans une des scènes du film.

MAUD Ouah! C'est super! Mais pourquoi il t'a choisie, toi?

ARIANE Ben, **tu vois**, la fille qui devait jouer ce rôle était malade et comme je lui ressemble, Luc Besson m'a demandé de la remplacer.

MAUD Ah, je vois. **Heureusement** que tu étais là!

17 Devine! Marie-Paule had an exciting day today. What does she tell her best friend Audrey when she calls the next day? Write their conversation. **Answers will vary.**

Devine ce que | Bref | A ce moment-là | ... tu vois | Malheureusement | Alors | Finalement | Heureusement | Donc

Nom _______________ Classe _______________ Date _______________

18 A la recherche d'un cadeau Choisis les verbes qui complètent les phrases suivantes. Ecris les lettres de ton choix dans les blancs ci-dessous pour découvrir ce que Marc a acheté à sa mère.

u **n** **e** **p** **l** **a** **n** **t** **e**

1. Il **u** quand j'ai décidé d'aller au grand magasin.
   u. pleuvait **d.** a plu
2. Le lendemain, c' **n** l'anniversaire de ma mère et je voulais lui acheter un cadeau.
   n. était **e.** a été
3. J'hésitais entre une écharpe et un sac à main quand je (j') **e** un très joli bracelet.
   e. ai vu **a.** voyais
4. Malheureusement, je **p** assez d'argent.
   p. n'avais pas **c.** n'ai pas eu
5. Alors, je (j') **l** au marché aux fleurs pour acheter des roses.
   t. allais **l.** suis allé
6. Mais les roses **a** encore plus chères que le bracelet.
   i. ont été **a.** étaient
7. Je **n** quoi faire.
   n. ne savais pas **r.** n'ai pas su
8. J' **t** en train de sortir du marché quand la vendeuse m'a suggéré d'acheter une seule rose.
   o. ai été **t.** étais
9. Je **e** sans hésiter.
   e. l'ai achetée **n.** l'achetais

19 Qu'est-ce que tu faisais quand... ? Complète chacune de ces phrases. **Answers will vary. Possible answers:**

1. **Je dormais bien** quand j'ai entendu mon réveil.
2. **Je faisais mes devoirs** quand mon copain Alex m'a téléphoné.
3. Je me promenais dans le parc quand **j'ai rencontré un très beau garçon**.
4. J'attendais le bus pour aller à l'école quand **j'ai vu mon ami Paul**.
5. **Je regardais la télé** quand j'ai entendu un bruit dans le jardin.

CHAPITRE 9 Troisième étape

20 La panne d'électricité Qu'est-ce que ces gens étaient en train de faire quand il y a eu une panne d'électricité?

Exemple : Marie faisait ses courses.
Marie était en train de faire ses courses.

1. Antoine faisait ses devoirs.
   Antoine était en train de faire ses devoirs.
2. Philippe écrivait une lettre à Antoine.
   Philippe était en train d'écrire une lettre à Antoine.
3. Angèle et Catherine parlaient au téléphone.
   Angèle et Catherine étaient en train de parler au téléphone.
4. Nous préparions le petit déjeuner.
   Nous étions en train de préparer le petit déjeuner.
5. Est-ce que vous regardiez la télé?
   Est-ce que vous étiez en train de regarder la télé?
6. Je lisais un magazine.
   J'étais en train de lire un magazine.
7. Est-ce que tu promenais le chien?
   Est-ce que tu étais en train de promener le chien?

21 Quelle semaine! You're writing to tell your best friend about your first week in France as an exchange student. Tell what you have done and seen, whom you've met, and how you feel. **Answers will vary.**

Nom ______ Classe ______ Date ______

LISONS!

22 L'Amitié!

BON(NE) AMI(E)... OU NON?

Fais ce petit test pour savoir quelle sorte d'ami(e) tu es.

1. Ton ami(e) te téléphone pour te dire qu'il/elle a un rhume...
   - **a.** Tu vas tout de suite chez lui/elle malgré les microbes sinistres.
   - **b.** Après la conversation, tu te laves l'oreille et les mains pour éviter la transmission des microbes par le téléphone.
   - **c.** Tu lui envoies de vieux albums de *Tintin*® à lire.
2. Ton ami(e) arrive chez toi et il/elle a l'air déprimé(e)...
   - **a.** Tu deviens déprimé(e) aussi afin que vous souffriez ensemble.
   - **b.** Tu deviens énervé(e) et le/la laisse tout(e) seul(e) dans le salon.
   - **c.** Tu lui demandes ce qui se passe et ce que tu peux faire pour l'aider.
3. Ta mère est fâchée parce que tu restes trop longtemps au téléphone. Pendant combien de temps est-ce que tu parles à tes amis?
   - **a.** Quinze minutes.
   - **b.** Juste assez pour dire «J'ai des trucs à faire. Je ne peux pas parler maintenant.»
   - **c.** Très longtemps... si ta mère n'est pas là.
4. Ta journée a été un véritable cauchemar. Qu'est-ce qui te remet de bonne humeur?
   - **a.** Un vieil épisode des *Simpsons*® à la télé.
   - **b.** Un coup de téléphone d'un(e) ami(e).
   - **c.** Ton petit frère qui s'habille en cow-boy et fait le clown pour t'amuser.
5. Tu t'es fait de nouveaux amis pendant les vacances. Tu...
   - **a.** promets de leur écrire et tu le fais.
   - **b.** promets de leur écrire et tu ne le fais jamais.
   - **c.** promets de leur écrire s'ils t'écrivent d'abord.
6. Est-ce que tu connais la date d'anniversaire de ton/ta meilleur(e) ami(e)?
   - **a.** Seulement si c'est la même date que mon anniversaire.
   - **b.** Bien sûr, c'est quelque chose qu'on ne doit pas oublier.
   - **c.** Pas du tout.
7. Ton ami(e) a oublié son tee-shirt pour l'EPS. Tu lui donnes...
   - **a.** ton tee-shirt préféré.
   - **b.** un vieux tee-shirt déchiré.
   - **c.** ça dépend de l'ami(e).
8. Tu t'es disputé(e) avec ton/ta meilleur(e) ami(e). Tu...
   - **a.** lui achètes un cadeau et lui dis que c'était de ta faute.
   - **b.** attends qu'il/elle admette que c'était de sa faute.
   - **c.** lui téléphones pour discuter du problème.

CONSULTE LE TABLEAU CI-DESSOUS POUR CALCULER TES POINTS:

	1	2	3	4	5	6	7	8
a.	3	2	2	1	3	2	3	3
b.	1	1	1	3	1	3	1	1
c.	2	3	3	2	2	1	2	2

Tu es quelle sorte d'ami(e)?

Un(e) bon(ne) ami(e) (Moins de 8 points) Tu es très indépendant(e) et très solitaire. Tu as beaucoup de camarades, mais tu te sens mieux quand tu es tout(e) seul(e). Ce qui te manque un peu, c'est d'avoir quelqu'un à qui tu peux tout dire. Cette personne existe, mais tu dois t'ouvrir un peu pour la trouver.

Un(e) ami(e) précieux/précieuse (Entre 8 et 15 points) Tu es un peu réservé(e), mais avec le temps, tu t'ouvres peu à peu et tu partages ton point de vue et tes secrets avec tes ami(e)s. Tes amis t'écoutent et ils savent que tu vas les écouter aussi. Pour toi, l'amitié commence très lentement, comme une simple camaraderie, et devient plus forte jour après jour.

Un(e) ami(e) jusqu'à la mort (Entre 16 et 24 points) Pour toi, l'amitié... c'est tout. Tu donnes tout de toi-même et n'attends rien en retour. Tu fais preuve de ton amitié avec des lettres, des cadeaux, de grandes attentions... Tes amis connaissent tout de ta vie et c'est à toi qu'ils disent leurs secrets les plus intimes.

Tu es d'accord? Do you agree with your results? Why or why not? **Answers will vary.**

Nom ______________________ Classe ______________ Date ______________

PANORAMA CULTUREL

23 En Provence Choose the appropriate words to complete these sentences about Provence.

particuliers **Deux Garçons** **le cours Mirabeau** **histoire marseillaise** **provençal**

1. **Le cours Mirabeau**, c'est le plus beau boulevard d'Aix.
2. Je veux acheter un souvenir d'Aix pour ma mère. Peut-être du tissu **provençal**?
3. Si on allait prendre une limonade aux **Deux Garçons**? Peut-être qu'on verra quelqu'un de célèbre!
4. Michel exagère tout. Ce qu'il t'a raconté n'était pas vrai. C'était une **histoire marseillaise**.

24 Copain ou ami?

a. Would each of these speakers classify the person they're describing as **a) un copain/une copine** or **b) un(e) ami(e)? Answers may vary. Possible answers:**

b Carole et moi, on se voit presque tous les jours. Quand on ne peut pas se voir, on se téléphone pour se raconter ce qu'on a fait pendant la journée. Je l'aime beaucoup parce qu'elle me comprend. On peut tout se dire.

a J'aime bien aller faire du sport avec Sylvain. Il est très sympa et très rigolo et en plus, il aime les mêmes sports que moi. Sinon, à part ça, on ne se voit pas trop en dehors du gymnase. De temps en temps, on va au cinéma ensemble, mais c'est tout.

b Je ne sais pas ce que je ferais sans Patrice. Il est toujours là quand j'ai besoin de lui. Il m'aide à l'école parce que j'ai beaucoup de difficultés, surtout en maths. Il m'explique quand je ne comprends pas et il ne se moque jamais de moi.

b On se connaît depuis qu'on a trois ans, Mylène et moi. On est toujours ensemble. D'ailleurs, beaucoup de gens croient qu'on est sœurs. Moi aussi, des fois, j'ai l'impression que c'est ma sœur. Personne ne me comprend mieux qu'elle et c'est à elle que je me confie quand j'ai des problèmes.

a Françoise est dans ma classe. Elle est assez sympa et on s'entend bien. Parfois, on va au café ensemble après les cours. On parle du lycée, des profs, des copains. On se raconte les dernières nouvelles. Bref, on rigole bien.

b. Do we have this same distinction in English? What words would you use for **un copain/une copine?** And for **un(e) ami(e)? Answers will vary.**

CHAPITRE 10

Nom ______________________ Classe ______________ Date ______________

Je peux te parler?

MISE EN TRAIN

1 C'est qui?

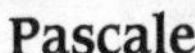

Pascale

Arlette

Antoine

1. **Pascale** va bientôt fêter son anniversaire.
2. **Arlette** propose d'utiliser des assiettes en carton.
3. **Pascale** apprécie les conseils d'Arlette.
4. **Pascale** ne sait pas quoi mettre pour la soirée.
5. **Arlette** a déchiré sa robe rose.
6. **Antoine** pense que Pascale aimerait un poster de Cézanne.
7. **Arlette** a offert un CD à Pascale l'année dernière.
8. **Antoine** a deux places pour un concert.

2 Méli-mélo! Remets les événements de **Qu'est-ce que je dois faire?** dans le bon ordre.

7 Antoine invite Arlette au concert.

4 Arlette rencontre Antoine en ville.

1 Pascale demande des conseils à Arlette pour organiser sa fête.

3 Arlette demande à Pascale ce qu'elle va porter à sa fête.

2 Arlette dit à Pascale qu'elle devrait inviter Cédric.

5 Antoine suggère qu'Arlette offre un CD à Pascale.

8 Arlette se rend compte qu'elle doit choisir entre la fête de Pascale et le concert.

6 Antoine suggère qu'Arlette offre un poster à Pascale.

Nom ____________________ Classe ____________ Date ____________

PREMIERE ETAPE

3 Pauvre Hervé Poor Hervé always has problems. His friend Mathilde is very sympathetic and is always willing to help. Write if the following statements are made by Hervé or Mathilde.

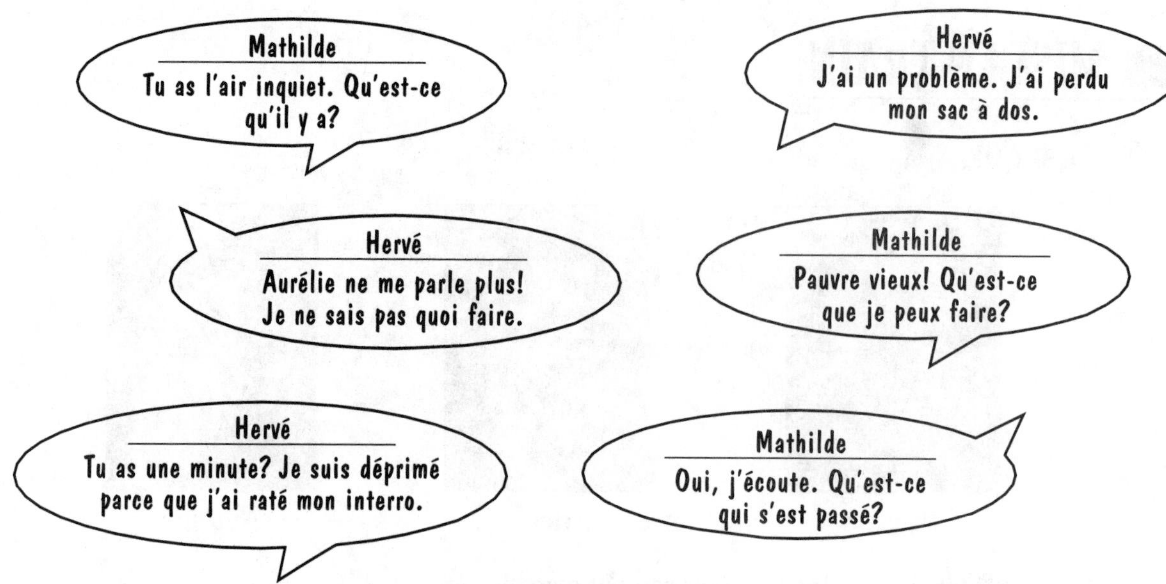

Mathilde
Tu as l'air inquiet. Qu'est-ce qu'il y a?
Hervé
J'ai un problème. J'ai perdu mon sac à dos.
Hervé
Aurélie ne me parle plus! Je ne sais pas quoi faire.
Mathilde
Pauvre vieux! Qu'est-ce que je peux faire?
Hervé
Tu as une minute? Je suis déprimé parce que j'ai raté mon interro.
Mathilde
Oui, j'écoute. Qu'est-ce qui s'est passé?

4 Je peux te parler? Adrienne et Alain se parlent au téléphone. Complète leur conversation à l'aide des expressions proposées ci-dessous.

devrais conseilles peux il y a leur lui problème faire minute avis parler oublier

ADRIENNE Allô, Alain? Ici, Adrienne. Tu as une **minute**? Je peux te **parler**?

ALAIN Bien sûr. Qu'est-ce qu'**il y a**?

ADRIENNE J'ai promis à Elodie d'aller à sa boum samedi soir, mais je ne peux pas y aller.

ALAIN Pourquoi?

ADRIENNE J'ai eu une mauvaise note à mon interro de maths. Mes parents sont fâchés et je suis sûre qu'ils ne vont pas me laisser sortir ce week-end. A ton **avis**, qu'est-ce que je dois **faire**?

ALAIN Tu leur as déjà demandé si tu pouvais y aller?

ADRIENNE Euh... non. Pas encore.

ALAIN Tu **devrais** leur parler. Dis-**leur** que tu as promis à Elodie d'aller à sa boum et promets de faire mieux à la prochaine interro.

ADRIENNE C'est une bonne idée, mais ma prochaine interro, c'est en anglais, et l'anglais, c'est pas mon fort.

ALAIN Qu'est-ce que je **peux** faire pour t'aider?

ADRIENNE On peut étudier ensemble?

ALAIN Bien sûr!

ADRIENNE Merci, Alain. Tu es un ami super!

5 Qu'est-ce que je fais? Tes amis ont des problèmes. Choisis les conseils que tu leur donnerais.

__b__ 1. Ça fait deux mois que j'habite à Tours. Mes amis me manquent beaucoup.
a. Oublie-les! b. Ecris-leur! c. Excuse-toi!

__c__ 2. Mon copain Justin est fâché parce que j'ai eu 94 à l'interro d'anglais alors que lui, il a eu 78 seulement. Ça fait deux semaines qu'il ne me parle plus.
a. Dis-lui que tu es heureux! b. Excuse-toi! c. Oublie-le!

__b__ 3. J'ai beaucoup étudié pour mon examen, mais j'ai eu un F. Je suis certain que mon prof a fait une erreur!
a. Ne lui téléphone pas! b. Parle-lui! c. Invite-la au cinéma!

__c__ 4. Je me sens tout raplapla et je ne dors pas bien.
a. Ne te mets pas en condition! b. Mange des gâteaux! c. Fais de l'exercice!

6 Les mots emmêlés Paul and Sylvie are telling their friends how they made up after their argument. Unscramble their statements. Then for each statement, write **S** if Sylvie said it, **P** if Paul said it, or **?** if either of them could have said it.

__?__ 1. l' / lui / ai / je / dit / je / aimais / que

Je lui ai dit que je l'aimais.

__P__ 2. a / m' / pardon / demandé / elle

Elle m'a demandé pardon.

__?__ 3. cadeau / je / ai / lui / offert / un

Je lui ai offert un cadeau.

__S__ 4. expliqué / qui / il / s'est / m' / ce / passé / a

Il m'a expliqué ce qui s'est passé.

__P__ 5. ce / j' / disait / elle / qu' / ai / écouté

J'ai écouté ce qu'elle disait.

7 Tes amis et leurs problèmes Tes amis te parlent toujours de leurs problèmes. Donne-leur des conseils. **Answers may vary. Possible answers:**

1. «La semaine prochaine, je vais rendre visite à mon cousin qui habite Paris. Il m'a proposé d'aller voir des musées, mais je lui ai dit que ça ne m'intéressait pas du tout. Maintenant, il est plutôt fâché.»
   Téléphone-lui et excuse-toi!

2. «Ma petite amie voulait casser, mais maintenant, elle veut me parler. Je ne sais pas quoi faire. Qu'est-ce que tu ferais, toi?»
   Tu devrais te réconcilier avec elle.

3. «J'ai fait tomber une assiette de spaghettis sur le nouveau pantalon de Pierre. Il est parti en colère. Je ne sais pas quoi faire.»
   Demande-lui pardon!

4. «Ma copine m'a prêté sa radio et je l'ai cassée. A ton avis, qu'est-ce que je dois faire?»
   Tu devrais lui offrir une nouvelle radio.

8 Tu nous manques! Emilie, une étudiante française aux Etats-Unis, est rentrée en France. Elle manque à ses camarades de classe. Ils lui ont écrit une lettre, mais ils n'étaient pas sûrs des pronoms. Aide-les à compléter la lettre.

le la les l' me m' te t' lui nous vous leur

Salut, Emilie!

Alors, comment ça va depuis ton retour en France? Ici, tout va bien, mais tu **nous** manques beaucoup. C'est pour **te** dire un grand bonjour que nous **t'** écrivons. La semaine dernière, Mark a fait une boum chez lui. C'était super! John a une nouvelle copine. Personne ne **la** connaît parce qu'elle n'est pas dans notre école. Elle s'appelle Jane. Elle est super-sympa. Tu ne devineras jamais ce qui s'est passé! David et Laura se sont disputés. Il **lui** a téléphoné pour **l'** inviter à la boum, mais elle n'a pas voulu **lui** parler. A l'école, rien de neuf. On a eu beaucoup d'interros ces derniers temps. M. Johnson **nous** a demandé de lire un livre en français et d'en faire un résumé. Moi, j'ai choisi «Le Petit Prince» parce que je **l'** ai déjà lu et c'est assez facile. Justin a été collé parce qu'il n'avait pas ses devoirs de maths l'autre jour. Il a dit au prof qu'il **les** avait perdus, mais le prof n'a pas voulu **l'** écouter. Pauvre Justin! Voilà les nouvelles. Et toi? Raconte-**nous** ce que tu fais à Toulon. Ecris-**nous** vite. On t'embrasse tous très fort. A bientôt, peut-être.

Sandra et tes copains de Booker T. Washington High

9 De bons conseils You're filling in for Agnès, the editor of the advice column. Read the letter below and then write a response. **Answers will vary.**

Chère Agnès,

J'avais rendez-vous avec une de mes amies, mais j'ai complètement oublié. Ce n'est pas la première fois que j'oublie un rendez-vous et mon amie est plutôt énervée. Qu'est-ce que je peux faire?

Nom ______________________ Classe ______________ Date ______________

10 Un malentendu Mai has just told you about a misunderstanding she had with her boyfriend Tam this weekend. Write a note to a friend telling him or her about what happened between Mai and Tam, using the illustrations to help you. **Answers will vary.**

____

____

____

____

____

____

____

____

____

DEUXIEME ETAPE

11 Au secours! Réponds aux demandes de tes amis. **Answers may vary. Possible answers:**

Avec plaisir. Bien sûr. Pas du tout. Pas de problème. Désolé(e). J'ai quelque chose à faire. Je n'ai pas le temps. Je suis très occupé(e). C'est impossible. Bien sûr que non. ???

1. «Tu pourrais me prêter ton livre d'histoire? J'ai perdu celui de Marc et je ne peux pas faire mes devoirs.»
   «C'est impossible. Moi aussi, j'ai des devoirs à faire.»
2. «J'ai un problème. Je peux te parler?»
   «Bien sûr.»
3. «Tu pourrais travailler à ma place vendredi soir? J'ai rendez-vous avec Dominique.»
   «Pas de problème.»
4. «Tu pourrais passer à la librairie cet aprèm? Il me faut un stylo pour l'interro de demain.»
   «Désolé. Je n'ai pas le temps.»
5. «Ça t'ennuie de téléphoner à Karen? Je suis en retard pour mon cours.»
   «Désolé. J'ai un interro dans dix minutes. »
6. «Tu pourrais faire les courses ce week-end?»
   «Je suis trop occupé. Je dois organiser une fête.»
7. «Ça t'embête de rendre ces livres à la bibliothèque? Je dois garder ma petite sœur.»
   «Bien sûr que non. J'y vais ce soir.»

12 Préparatifs pour la fête Tu organises une fête. Demande à tes amis et à ta famille de t'aider à faire les préparatifs. **Answers may vary. Possible answers:**

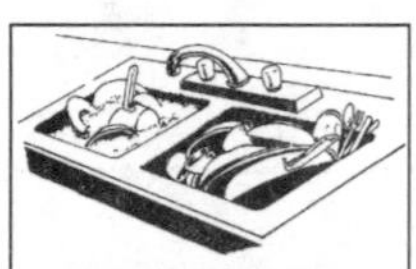

1. **Ricardo, tu pourrais faire la vaisselle?**
2. **Doug, ça t'ennuie de faire le ménage?**
3. **Ellen, tu peux envoyer les invitations?**
4. **Mai, ça t'ennuie de choisir la musique?**
5. **Tony, tu pourrais préparer les amuse-gueule?**

13 Tu peux m'aider? Read this e-mail from your friend Nicole. Then write a response, offering to do three things to help her out. **Answers will vary.**

```
Tu peux m'aider? J'ai trop de choses à faire ce soir.
Je dois faire les préparatifs pour la boum et aussi
étudier pour l'interro de maths. En plus, j'ai un
devoir d'anglais et un devoir de sciences à faire.
```

____

____

____

____

____

14 C'est fait! Ta mère te demande de faire beaucoup de choses avant ta boum, mais tes amis et toi, vous les avez déjà faites. Complète les phrases suivantes avec la forme correcte du participe passé.

1. Ranger le salon? Je l'ai déjà **rangé** .
2. Passer l'aspirateur? Marc l'a déjà **passé** .
3. Faire la vaisselle? Je l'ai déjà **faite** .
4. Faire les courses? Je les ai déjà **faites** .
5. Préparer les amuse-gueule? Kim les a déjà **préparés** .
6. Envoyer les invitations? Je les ai déjà **envoyées** .

15 A l'université Quand tu arrives à l'université, ton/ta camarade de chambre te demande ce que tu as fait de tes affaires. Dis-lui si tu les as laissées chez toi, jetées *(threw them away)*, ou apportées *(brought them)*. **Answers may vary. Possible answers:**

Exemple : Mon album? Je l'ai apporté.

1. Ma chaîne stéréo? **Je l'ai apportée** .
2. Mon album de photos? **Je l'ai laissé chez moi** .
3. Mes cahiers? **Je les ai jetés** .
4. Mon diplôme? **Je l'ai laissé chez moi** .
5. Mon carnet d'adresses? **Je l'ai apporté** .
6. Mon dernier bulletin trimestriel? **Je l'ai jeté** .
7. Mon nounours? **Je l'ai laissé chez moi** .
8. Les photos de mes copains? **Je les ai apportées** .

TROISIEME ETAPE

16 Excuse-toi! Which of the expressions given below would you use to apologize? Which would you use to accept an apology?

Ça ne fait rien. C'est de ma faute. Tu ne m'en veux pas? Désolé(e). C'est pas grave. T'en fais pas. Excuse-moi. Je ne t'en veux pas. J'aurais dû m'excuser.

To apologize:	To accept an apology:
C'est de ma faute.	Ça ne fait rien.
Tu ne m'en veux pas?	C'est pas grave.
Désolé(e).	T'en fais pas.
Excuse-moi.	Je ne t'en veux pas.
J'aurais dû m'excuser.	

17 L'excuse de Raphaël Complète cette conversation en employant les mots proposés ci-dessous.

mal fais m'en veux excuse aurais grave rien faute

RAPHAEL Marie, **excuse**-moi d'être allé au match de foot sans toi.

MARIE T'en **fais** pas. Tu sais, je n'aime pas le foot et je n'avais pas du tout envie d'y aller.

RAPHAEL Oui, je sais, mais j'**aurais** dû t'inviter quand même. C'était pas très gentil.

MARIE Ça ne fait **rien**. De toute façon, j'avais déjà rendez-vous avec Ali pour aller au cinéma ce jour-là.

RAPHAEL Bon, alors, tu ne **m'en veux** pas, tu es sûre?

MARIE Non, je t'assure que c'est pas **grave**.

18 Des reproches Tell these people what they should or should not have done to avoid these circumstances. **Answers may vary. Possible answers:**

pardonner téléphoner aller à la boum manger toute la boîte de chocolats
arriver à l'école en retard s'excuser étudier manger quelque chose

1. J'ai eu une mauvaise note à l'interro de chimie.
   Tu aurais dû étudier.
2. J'ai grossi.
   Tu n'aurais pas dû manger toute la boîte de chocolats.
3. J'ai été collé(e).
   Tu n'aurais pas dû arriver à l'école en retard.
4. Je n'ai pas pris mon petit déjeuner.
   Tu aurais dû manger quelque chose.
5. Je suis arrivée en retard à la boum et maintenant, mon amie est fâchée contre moi.
   Tu aurais dû lui téléphoner.

19 Tu aurais dû... Fais des reproches à ces gens. Dis-leur ce qu'ils auraient dû faire. Utilise les pronoms compléments d'objet direct ou indirect : **le**, **la**, **l'**, **les**, **lui**, ou **leur.**

1. Je n'ai pas invité Paul et Sylvie à ma fête.
   Tu aurais dû les inviter.
2. Je n'ai pas téléphoné à mes parents.
   Tu aurais dû leur téléphoner.
3. Je n'ai pas attendu Francine.
   Tu aurais dû l'attendre.
4. Je n'ai pas parlé à M. Lambert.
   Tu aurais dû lui parler.
5. J'avais envie d'acheter ce vélo.
   Tu aurais dû l'acheter.
6. Je n'ai pas fait la vaisselle ce matin.
   Tu aurais dû la faire.
7. Je n'ai pas pris mon petit déjeuner.
   Tu aurais dû le prendre.

20 L'enfant terrible You're living with a French family. Julien, the little boy who lives next door, tells you his problems. Tell him what he could, should, or shouldn't have done. **Answers may vary. Possible answers:**

1. JULIEN Je jouais au foot dans le salon et j'ai cassé un vase.

   TOI **Tu n'aurais pas dû jouer au foot dans le salon** .

2. JULIEN Hier, au dîner, je n'ai pas eu de dessert parce que je n'ai pas voulu manger mes carottes...

   TOI **Tu aurais dû les manger** .

3. JULIEN J'ai brossé le chien avec ma brosse à dents. Mes parents ont commencé à crier.

   TOI **Tu n'aurais pas dû le brosser avec ta brosse à dents** .

4. JULIEN Je n'ai pas fait mes devoirs et la maîtresse m'a collé.

   TOI **Tu aurais dû les faire** .

5. JULIEN Je me suis couché à minuit et je me sens tout raplapla.

   TOI **Tu aurais pu te coucher à neuf heures** .

21 Je m'excuse. Tu as perdu la veste que ton ami(e) t'avait prêtée samedi dernier. **Answers will vary.**

a. Ecris-lui un mot pour t'excuser et pour offrir une solution au problème.

b. Imagine la réponse de ton ami(e).

LISONS!

22 Lisons! Read the letter Caroline wrote to Agnès and Agnès' reply. Then answer the questions that follow.

Chère Agnès,
Je m'appelle Caroline et j'ai seize ans. Ça fait trois mois que je sors avec un garçon qui s'appelle Eric. Je suis très amoureuse de lui et je crois que lui aussi, il est amoureux de moi. Quand nous sommes ensemble tous les deux, tout se passe très bien. Il est très gentil et très tendre. Mais, dès que je lui propose de sortir avec une bande de copains, il refuse. Il a toujours un prétexte pour s'en aller. Je ne comprends pas pourquoi il fait ça et je suis triste parce qu'il ne m'accompagne jamais aux boums ou au cinéma. Que faire?

Caroline,
Si ton copain ne veut jamais faire de sorties en groupe avec toi et tes amis, c'est soit parce qu'il est timide soit parce qu'il n'aime pas tes amis. Si j'étais toi, j'essaierais d'en parler avec lui. S'il n'aime pas tes amis, tu ne peux pas faire grand-chose. Il faudra que tu acceptes son point de vue et que tu continues à sortir avec tes amis sans lui. Si c'est parce qu'il est timide, tu devrais essayer de le présenter à quelques amis seulement au départ. Peut-être que vous pourriez faire une sortie à quatre, avec un autre couple? Plus tard, quand il sera à l'aise avec tes amis, je suis sûre qu'il t'accompagnera partout.

a. Find these French words and phrases in the letters above. Can you figure out what they mean from their context?

e	1. tous les deux	a.	*at the beginning*
c	2. dès que	b.	*either . . . or . . .*
f	3. un prétexte	c.	*as soon as*
b	4. soit... soit...	d.	*to return home*
a	5. au départ	e.	*together; just the two of us*
		f.	*an excuse*

b. What is Caroline's problem? **Answers may vary. Possible answer:**
Her boyfriend doesn't like to go out with her and her friends.

c. According to Agnès, what are two reasons why Eric might not want to go out with Caroline and her friends? **Answers may vary. Possible answer:**
He may not like Caroline's friends, or he may just be shy.

d. What do you think of Agnès' advice? Why? What do you think Caroline should do? **Answers will vary.**

PANORAMA CULTUREL

23 En Provence Match these terms related to Provence with their English definitions.

g 1. la ratatouille
f 2. la montagne Sainte-Victoire
a 3. le parc des Thermes
e 4. la tapenade
b 5. la pissaladière
d 6. l'aïoli

a. scenic meeting place in Aix-en-Provence
b. a type of pizza made with onions, anchovies, and olives
c. a two-hour walk through Aix that highlights places that were important to Cézanne
d. a sauce made from egg yolk, olive oil, and garlic
e. a paste of olives, garlic, and anchovies
f. mountain pictured in many of Cézanne's paintings
g. a casserole with eggplant, tomatoes, zucchini, green peppers, and onions

24 Bon voyage! A friend of yours is going to spend the summer in Provence. He or she wants to know all about the foods he or she should try, what there is to see, and so on. Write your friend a note in English. **Answers will vary.**

CHAPITRE 11

Chacun ses goûts

MISE EN TRAIN

1 Bientôt la Fête de la musique!

VERTICALEMENT

1. Pascale pense que l'Affaire Louis Trio est **génial** comme groupe.
3. C'est **bientôt** la Fête de la musique à Aix.
4. Les jeunes regardent dans *Aix en* **musique** pour savoir quels groupes passent cette semaine.
6. Cédric a des **courses** à faire, mais à part ça, il est libre.
7. Pascale a envie d'aller voir un groupe de **rock**.
8. Pascale pense qu'Odile est **pénible**.

HORIZONTALEMENT

2. Pascale veut aller faire la fête. Elle dit «On pourrait faire quelque chose **ensemble**.»
4. On fait la fête sur le cours **Mirabeau**.
5. Pascale dit «Il y aura des **tas** de groupes musicaux» pour dire qu'il en aura beaucoup.
6. Il y a beaucoup de **concerts** à la Fête de la musique.
8. Odile peut aller à la fête. Elle n'a rien de **prévu**.
9. Odile n'a pas envie de faire la fête sur le cours Mirabeau. Elle pense que c'est **nul**.
10. Cédric **espère** qu'il y a encore des places pour le concert de l'Affaire Louis Trio.

PREMIERE ETAPE

2 Tu connais... ? Your French uncle, who is a road manager for a band, is showing you photos of places he's been and people he's met. For each photo, write a conversation in which your uncle asks if you're familiar with the subject of the photo and you respond to his question with a complete sentence. **Answers may vary. Possible answers:**

la tour Eiffel

— Tu connais la tour Eiffel?
— Bien sûr! C'est un monument français.

Patrick Bruel

— Tu connais Patrick Bruel?
— Non, je ne connais pas.

la bibliothèque Schœlcher

— Tu connais la bibliothèque Schœlcher?
— Bien sûr! C'est une bibliothèque martiniquaise.

le Louvre

— Tu connais le Louvre?
— Bien sûr! C'est un musée français.

Kassav'

— Tu connais Kassav'?
— Bien sûr! C'est un groupe antillais.

Chenonceau

— Tu connais Chenonceau?
— Non, je ne connais pas.

3 Connaissances musicales Complète les phrases avec les formes correctes du verbe **connaître.**

1. — Tu **connais** Jacques Higelin? C'est un chanteur français.
   — Non. Je ne **connais** pas.
2. — Vous **connaissez** Kassav'?
   — Oui. C'est un groupe antillais, non?
3. Il **connaît** Youssou N'Dour? C'est un chanteur africain.
4. Elles **connaissent** Gilles Vigneault? C'est un chanteur canadien.
5. Nous **connaissons** Jeanne Mas. C'est une chanteuse française.

4 Les deux font la paire Choisis le groupe, le chanteur/la chanteuse ou la chanson qui correspond à chaque description.

d	1. C'est une chanteuse américaine.	a.	Kenny G
e	2. C'est une chanson française.	b.	Zouk Machine
f	3. C'est un chanteur canadien.	c.	U2
b	4. C'est un groupe antillais.	d.	Whitney Houston
a	5. C'est un musicien américain.	e.	*Alouette*
c	6. C'est un groupe irlandais.	f.	Roch Voisine

5 Méli-mélo!

a. Mets les mots dans le bon ordre pour former des phrases correctes.

1. connais / tu / MC Solaar
   Tu connais MC Solaar?
2. Vanessa Paradis / connais / tu
   Tu connais Vanessa Paradis?
3. ne / pas / connais / je / non // est / qui / c'
   Non, je ne connais pas. C'est qui?
4. chanteuse / oui / une / française / c'est
   Oui, c'est une chanteuse française.
5. sénégalais / est / rap / chanteur / de / un / c'
   C'est un chanteur de rap sénégalais.

b. Maintenant, mets les phrases dans le bon ordre pour en faire une conversation. **Answers may vary. Possible answer:**

— Tu connais MC Solaar?

— Non, je ne connais pas. C'est qui?

— C'est un chanteur de rap sénégalais.

— Tu connais Vanessa Paradis?

— Oui, c'est une chanteuse française.

6 Tu connais? Complète cette lettre avec **c'est, il est** ou **elle est.**

Ce que j'aime faire quand je n'ai pas école, c'est écouter de la musique, surtout du pop et du rock. J'adore Jean-Jacques Goldman. Tu connais? **C'est** un chanteur français. **Il est** très beau. J'aime aussi Céline Dion. **Elle est** canadienne et **elle est** très connue en France. Le week-end, j'aime beaucoup aller au cinéma. Je vais souvent voir des films américains. Mon acteur préféré, c'est Tom Cruise. **Il est** super, tu ne trouves pas? Tu as vu son dernier film? **C'est** un film passionnant. Je te le recommande.

Nom ______ Classe ______ Date ______

7 Les stars Donne le nom d'un groupe, d'un(e) chanteur/chanteuse ou d'un(e) musicien/musicienne pour chaque type de musique. Dis aussi si tu les aimes ou pas. **Answers will vary.**

1. le jazz : ______
2. le rock : ______
3. le country/folk : ______
4. le pop : ______

8 Chacun ses goûts Tell about your own musical tastes, using the expressions in the box below. **Answers will vary.**

Ce que j'aime bien, c'est... Ce qui ne me plaît pas, c'est... Ce que je n'aime pas, c'est... Ce qui me plaît, c'est... Ce que je préfère, c'est...

______

CHAPITRE 11 Première étape

9 A la Fête de la musique You're a journalist covering the local music festival. Read the notes that you took during your interview with Francis Cabrel. Then write a short article about him for the newspaper. **Answers will vary.**

Nom : CABREL *Prénom : Francis*
Né le : 23 novembre 1953
Nationalité : française
Yeux : bleus *Cheveux : châtain*
Loisirs : le football, le tennis, la pêche, les voyages
Musiciens préférés : les Rita Mitsouko, Gérard Manset, les Beatles, Eric Clapton
Instruments : le piano, la guitare

______

Nom _________________________ Classe _______________ Date _______________

DEUXIEME ETAPE

10 On va au cinéma? Marc and Eva are looking at the movie schedule below to decide what to see. Read their conversation and compare it with the schedule. Then choose the correct completion for each of the statements that follow.

MARC Alors, qu'est-ce qu'on va voir comme film ce soir? Tu as une idée?

EVA Euh... Je ne sais pas. Qu'est-ce qu'on joue en ce moment?

MARC Je crois que *L'Enfant lion* passe au Gaumont Alésia. Ça te dit?

EVA Ça passe à quelle heure?

MARC A dix heures et demie.

EVA Bof, c'est tard, non? Il y a quoi d'autre?

MARC Sinon, il y a *Aladdin®*.

EVA Ça parle de quoi?

MARC Je crois que c'est l'histoire d'un jeune avocat qui travaille pour l'armée. C'est avec Tom Cruise. Il paraît que c'est très bien.

EVA Oh, je ne sais pas... Pourquoi on va pas voir *Les Aristochats®*? Ça a l'air vachement drôle.

MARC Oh non! Tu sais bien que j'ai horreur des films de science-fiction.

EVA Bon, alors on va voir *L'Incroyable Voyage*. Ça passe à huit heures cinq et c'est en version française.

MARC D'accord, ça marche.

84 GAUMONT ALESIA. 73, avenue du Général Leclerc. 43.27.84.50 36.65.75.14 M° Alésia. Perm de 14h à 24h. Pl : 43 et 42 F. Mer, tarif unique : 36 et 35 F ; Etud, CV : 36 et 35 F (Du Lun au Ven 18h) ; -12 ans : 30 F. Carte Gaumont : 5 places : 160 F (valables 2 mois, tlj à toutes les séances). Carte bleue acceptée. Rens : 3615 Gaumont. 1 salle équipée pour les malentendants.

L'Incroyable Voyage v.f. Dolby stéréo. Séances : 13h35, 15h45, 17h55, 20h05, 22h15. Film 10 mn après.

J'ai pas sommeil Dolby stéréo Séances : 13h35, 15h45, 17h55, 20h05, 22h15. Film 10 mn après.

L'Enfant lion Dolby stéréo. (Pl : 48 et 37 F). Séances : 14h, 17h20, 21h. Film 25 mn après.

Aladdin v.f. Séances : Mer, Sam, Dim 13h25, 15h35. Film 15 mn après.

Une pure formalité Séances : Mer, Sam, Dim 17h50, 20h, 22h10 ; Jeu, Ven, Lun, Mar 13h30, 15h40, 17h50, 20h, 22h10. Film 15 mn après.

Le Jardin secret v.f. Séances : 14 h, 16h40, 19h20, 21h55. Film 20 mn après.

Madame Doubtfire v.f. Dolby stéréo Séances : Mer, Sam, Dim 13h40, 15h30, 17h20. Film 20 mn après.

Les Aristochats v.f. Dolby stéréo Séances : Mer, Sam, Dim 19h15, 21h50. Jeu, Ven, Lun, Mar 13h55, 16h30, 19h15, 21h50. Film 15 mn après.
Salle Gaumontrama (Pl : 45 et 37 F):

Grosse fatigue Dolby stéréo. Séances : 14h, 16h, 18h, 20h, 22h. Film 20 mn après.

__a__ 1. Marc tells Eva the wrong time for the showing of ______ .
a. *L'Enfant lion* c. *Les Aristochats*
b. *Aladdin* d. *L'Incroyable Voyage*

__b__ 2. Marc incorrectly summarizes the plot of ______ for Eva.
a. *L'Enfant lion* c. *Les Aristochats*
b. *Aladdin* d. *L'Incroyable Voyage*

__c__ 3. Eva thinks ______ looks amusing.
a. *L'Enfant lion* c. *Les Aristochats*
b. *Aladdin* d. *L'Incroyable Voyage*

__c__ 4. Marc thinks that ______ is a science-fiction movie.
a. *L'Enfant lion* c. *Les Aristochats*
b. *Aladdin* d. *L'Incroyable Voyage*

__a__ 5. ______ is showing in its original language.
a. *L'Enfant lion* c. *Les Aristochats*
b. *Aladdin* d. *L'Incroyable Voyage*

__d__ 6. Marc and Eva agree to see ______ .
a. *L'Enfant lion* c. *Les Aristochats*
b. *Aladdin* d. *L'Incroyable Voyage*

11 Dis-moi Choisis la meilleure réponse à chacune des questions suivantes.

c 1. Qu'est-ce qu'on joue comme film?

a 2. *Madame Doubtfire*, c'est avec qui?

d 3. Ça passe où?

b 4. Ça commence à quelle heure?

a. Robin Williams et Pierce Brosnan.

b. A 17h45.

c. *Tomorrow Never Dies, Menteur, Menteur* et *Excalibur.*

d. Au Gaumont Royal.

12 Cherche l'intrus Cross out the film in each group that belongs to a different genre than the others. Then tell the genre of the film you crossed out and the genre of the others in French.
Answers may vary. Possible answers:

1. *Star Trek® Generations*
   ~~*Roméo et Juliette*~~
   E.T. l'extra-terrestre®
   2001, l'odyssée de l'espace

   ***Roméo et Juliette* est un film d'amour. Les autres films sont des films de science-fiction.**

2. *Toy Story*
   ~~*Geronimo*~~
   Menteur, Menteur
   La Famille Pierrafeu (The Flintstones)®

   ***Geronimo* est un western. Les autres films sont des films comiques.**

3. *Autant en emporte le vent (Gone with the Wind)*
   Hamlet
   Casablanca
   ~~*Star Wars®*~~

   ***Star Wars* est un film de science-fiction. Les autres films sont des films classiques.**

4. *Geronimo*
   Les Cow-boys
   ~~*Dracula*~~
   Silverado

   ***Dracula* est un film d'horreur. Les autres films sont des westerns.**

5. ~~*Le Cinquième Elément*~~
   Speed 2
   Indiana Jones et la dernière croisade®
   Batman et Robin®

   ***Le Cinquième Elément* est un film de science-fiction. Les autres films sont des films d'aventures.**

Nom ______________________ Classe ______________ Date ______________

13 Va voir... D'après ce que tes amis te disent, dis-leur quel genre de film ils devraient voir. Puis, recommande-leur un film et dis où et à quelle heure il passe. **Answers may vary. Possible answers:**

Exemple : «Je m'intéresse aux cow-boys.»
Va voir un western. *Silverado* passe à l'UGC Opéra à 18h30.

LE PLUMEREAU 10, Place Plumereau. Pl : 38 F Mer et Lun : 28 F; -26ans, 26 F. Séances sur réserv. Salle accessible aux handicapés.
Roméo et Juliette v.f. 19h15, 21h30
Flubber v.f. 17h00, 19h00
Star Trek® Generations v.f. 17h40, 20h00

UGC OPERA 59, bd des Italiens. Pl : 42 F. Lun, tarif unique : 35 F Carte UGC privilège 1 : 130 F (4 entrées) : Carte UGC privilège 2 : 195 F (6 entrées).
Sauvez Willy v.f. 17h10, 19h20
Casablanca v.o. 21h15
Dracula v.f. 20h00, 22h15
Silverado v.o. 18h30, 21h45

1. «Je me sens déprimée. J'ai envie de voir quelque chose de drôle.»
   Va voir un film comique. *Flubber* passe au Plumereau à 17h00.

2. «J'adore les films qui font peur.»
   Va voir un film d'horreur. *Dracula* passe à l'UGC Opéra à 22h15.

3. «Je crois que je suis tombé amoureux! Je voudrais voir quelque chose de romantique.»
   Va voir un film d'amour. *Roméo et Juliette* passe au Plumereau à 21h30.

4. «Je m'intéresse aux ovnis (objets volants non identifiés).»
   Va voir un film de science-fiction. *Star Trek Generations* passe au Plumereau à 17h40.

14 Ton film favori Quand tu étais petit(e), quel genre de film est-ce que tu aimais? Quel était ton film favori? Pourquoi? C'était avec qui? **Answers will vary.**

CHAPITRE 11 Deuxième étape

TROISIEME ETAPE

15 Critique de livres Read what your classmates had to say when you asked them about the books they read for French class. According to their remarks, decide whether they liked the books or not.

LIKED	DISLIKED	
	X	1. C'est pas mon truc!
X		2. C'est plein de rebondissements.
	X	3. C'est trop violent.
X		4. C'est amusant.
	X	5. Ça casse pas des briques.
	X	6. Il n'y a pas d'histoire.

16 Quel genre? Choisis à quel genre appartient chacun des livres suivants. **Answers may vary. Possible answers:**

d 1. *Tintin en Amérique*
f 2. *Les Amoureux du lac*
c 3. *De la terre à la lune*
a 4. *Poèmes français du XXe siècle*
e 5. *Le Comte de Monte-Cristo*
h 6. *Jules César*
b 7. *Félix Houphouët-Boigny et la Côte d'Ivoire*
g 8. *Mort sur le Nil*

a. un livre de poésie
b. une biographie
c. un roman de science-fiction
d. une bande dessinée
e. un roman classique
f. un roman d'amour
g. un roman policier
h. une pièce de théâtre

17 Opinions et genres En général, qu'est-ce qu'on dit des genres de livres ci-dessous? **Answers may vary. Possible answers:**

Il y a du suspense. C'est une belle histoire. C'est gentillet, sans plus. C'est plein de rebondissements. C'est drôle. On ne s'ennuie pas.

1. une bande dessinée : **C'est drôle.**
2. un roman d'amour : **C'est une belle histoire.**
3. un roman policier : **C'est plein de rebondissements.**
4. un roman de science-fiction : **Il y a du suspense.**
5. un livre de poésie : **C'est gentillet, sans plus.**

Nom ______________ Classe ______________ Date ______________

18 **Résumé** Pense à un livre que tu as lu récemment et remplis le formulaire ci-dessous. **Answers will vary.**

Titre : ______________

Auteur : ______________

Genre : ______________

Tu le recommandes? : ______________

Pourquoi? : ______________

19 **Mes opinions** Fais une liste de trois livres que tu as lus récemment et dis ce que tu en as pensé. **Answers will vary.**

LIVRE : ______________

OPINION : ______________

LIVRE : ______________

OPINION : ______________

LIVRE : ______________

OPINION : ______________

20 **Méli-mélo!** Remets la conversation ci-dessous dans le bon ordre. **Answers may vary. Possible answer:**

6 — C'est l'histoire d'un homme qui part chercher de l'or dans l'ouest des Etats-Unis.

4 — Oui, c'est une histoire passionnante.

2 — *L'Or* de Blaise Cendrars.

1 — Quel livre as-tu lu dans ton cours de français?

5 — Qu'est-ce que ça raconte?

7 — Ça a l'air très intéressant.

3 — Ça t'a plu?

21 Les polars Robert et Osman parlent des films qu'ils ont vus. Complète leur conversation à l'aide de **qui** ou **que (qu')**.

ROBERT Tu as aimé le film **qu'** on a vu en classe aujourd'hui?

OSMAN Oui, mais j'ai préféré le film policier **que** j'ai vu au cinéma la semaine dernière.

ROBERT Ah oui? Pourquoi?

OSMAN Je préfère les histoires **qui** sont pleines de rebondissements.

ROBERT Au fait, je t'ai pas dit. Moi aussi, j'ai vu un film policier **qui** était super.

OSMAN Ah oui? Qu'est-ce que ça raconte?

ROBERT C'est l'histoire d'un homme **qui** est témoin d'un crime mais, il perd la mémoire. L'inspecteur **qui** l'interroge ne croit pas les histoires **que** cet homme raconte parce qu'il donne plusieurs versions différentes.

22 Ce week-end You can't hear your friends tell what they did over the weekend because the cafeteria is so noisy. Imagine what they did and finish their sentences, beginning with **qui** or **que. Answers will vary.**

1. Ce week-end, j'ai lu un roman policier ______________________
2. Samedi soir, j'ai vu un film de science-fiction ______________________
3. J'ai acheté un nouveau CD ______________________
4. Je suis allé(e) au concert ______________________

23 Et toi? Quel genre d'histoire est-ce que tu préfères? Pourquoi? Utilise **qui** et **que** autant que possible. **Answers will vary.**

Nom ____________________ Classe ____________ Date ____________

LISONS!

24 A la librairie!

Le Chien jaune de Georges Simenon : Un jeune commissaire est chargé de faire une enquête sur une série de crimes commis dans des circonstances très mystérieuses.

Paroles de Jacques Prévert : Un recueil de poésies qui inclut entre autres : *Déjeuner du matin, Je suis comme je suis, Quartier libre* et *Page d'écriture.*

Notre-Dame de Paris de Victor Hugo : un récit du Paris du Moyen Age par un des grands écrivains français.

Tintin en Amérique d'Hergé : un des premiers albums de Tintin. Le jeune reporter part découvrir l'Amérique où il vit des aventures passionnantes.

Grenadou, paysan français d'Ephraïm Grenadou et Alain Prévost : la vie d'un paysan vue et racontée par un écrivain.

a. A quel genre est-ce que chaque livre appartient?

g 1. *Le Chien jaune*
a 2. *Paroles*
e 3. *Notre-Dame de Paris*
d 4. *Tintin en Amérique*
b 5. *Grenadou, paysan français*

a. un livre de poésie
b. une biographie
c. un roman de science-fiction
d. une bande dessinée
e. un roman classique
f. un roman d'amour
g. un roman policier

b. List the words that gave you clues about the genre of the following books. **Answers may vary. Possible answers:**

1. *Le Chien jaune :* **commissaire, enquête, crimes, mystérieuses**
2. *Tintin en Amérique :* **albums, Tintin, aventures**
3. *Grenadou, paysan français :* **vie, vue, racontée**

CHAPITRE 11 Lisons!

Nom ____________________ Classe ____________ Date ____________

PANORAMA CULTUREL

25 Au cinéma en France

a. Your friend is going to spend the summer in France. What are some differences he or she might notice at the movies? What are some similarities? **Answers may vary. Possible answers:**

Differences: **In a French movie theater, there are several commercials before the movies start. There are a lot of American movies shown in France.**

Similarities: **Prices are lower on certain days.**

There are special rates for students.

b. What would you tell a French exchange student who wanted to see a French movie in your town? **Answers will vary.**

c. Are these statements true or false, according to the French movie schedule below?

false 1. *L'Incroyable Voyage* is showing with French subtitles.

true 2. *Madame Doubtfire* has been dubbed in French.

false 3. There will be 15 minutes of commercials before the start of *J'ai pas sommeil.*

true 4. There will be more commercials before *L'Enfant lion* than before any of the other movies at this theater.

true 5. *Grosse fatigue* is a French movie.

false 6. *Une pure formalité* is an American movie that has been dubbed in French.

84 GAUMONT ALESIA. 73, avenue du Général Leclerc. 43.27.84.50 36.65.75.14 M° Alésia. Perm de 14h à 24h. Pl : 43 et 42 F. Mer, tarif unique : 36 et 35 F ; Etud, CV : 36 et 35 F (Du Lun au Ven 18h) ; -12 ans : 30 F. Carte Gaumont : 5 places : 160 F (valables 2 mois, tlj à toutes les séances). Carte bleue acceptée. Rens : 3615 Gaumont. 1 salle équipée pour les malentendants.

L'Incroyable Voyage v.f. Dolby stéréo. Séances : 13h35, 15h45, 17h55, 20h05, 22h15. Film 10 mn après.

J'ai pas sommeil Dolby stéréo Séances : 13h35, 15h45, 17h55, 20h05, 22h15. Film 10 mn après.

L'Enfant lion Dolby stéréo. (Pl : 48 et 37 F). Séances : 14h, 17h20, 21h. Film 25 mn après.

Aladdin v.f. Séances : Mer, Sam, Dim 13h25, 15h35. Film 15 mn après.

Une pure formalité Séances : Mer, Sam, Dim 17h50, 20h, 22h10 ; Jeu, Ven, Lun, Mar 13h30, 15h40, 17h50, 20h, 22h10. Film 15 mn après.

Le Jardin secret v.f. Séances : 14 h, 16h40, 19h20, 21h55. Film 20 mn après.

Madame Doubtfire v.f. Dolby stéréo Séances : Mer, Sam, Dim 13h40, 15h30, 17h20. Film 20 mn après.

Les Aristochats v.f. Dolby stéréo Séances : Mer, Sam, Dim 19h15, 21h50. Jeu, Ven, Lun, Mar 13h55, 16h30, 19h15, 21h50. Film 15 mn après.
Salle Gaumontrama (Pl : 45 et 37 F):

Grosse fatigue Dolby stéréo. Séances : 14h, 16h, 18h, 20h, 22h. Film 20 mn après.

CHAPITRE 12

Nom ______________________ Classe ______________ Date ______________

A la belle étoile

MISE EN TRAIN

1 De qui s'agit-il? Dis de quel personnage de **Promenons-nous dans les bois** on parle dans chaque cas. Ecris la lettre qui correspond au personnage en question devant chacune des phrases suivantes.

a. Michèle

1. d propose de prendre un raccourci.

b. Denis

2. c écrit dans son journal.

c. René

3. e a mal aux pieds.

4. a pense qu'il faut préserver les animaux.

5. d décide de prendre une lampe de poche.

6. d veut aller vers le sud.

7. b voudrait chasser les orignaux.

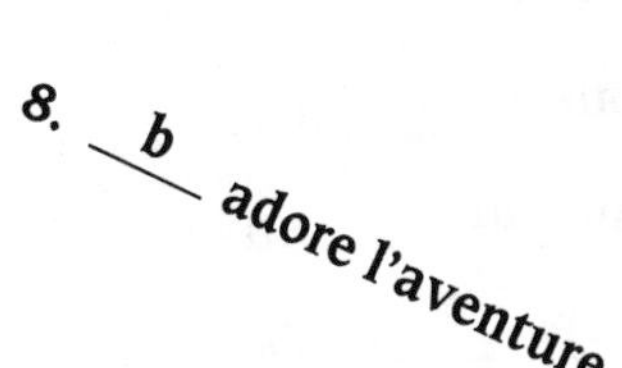

d. Francine

e. Paul

8. b adore l'aventure.

PREMIERE ETAPE

2 Une leçon de géo   Trouve la réponse à chaque question.

f 1. Où se trouve la Suisse?
b 2. Où est la Côte d'Ivoire?
d 3. Où se trouve Strasbourg?
e 4. Où se trouve Yamoussoukro?
c 5. Où est le Canada?
a 6. Où se trouve la Martinique?

a. Au sud de la Floride.
b. Dans l'ouest de l'Afrique.
c. Au nord des Etats-Unis.
d. Dans l'est de la France.
e. Dans le nord de la Côte d'Ivoire.
f. A l'est de la France.

3 Le parc Sainte-Lucie   Voici la carte d'un parc naturel où tu es guide pour l'été.

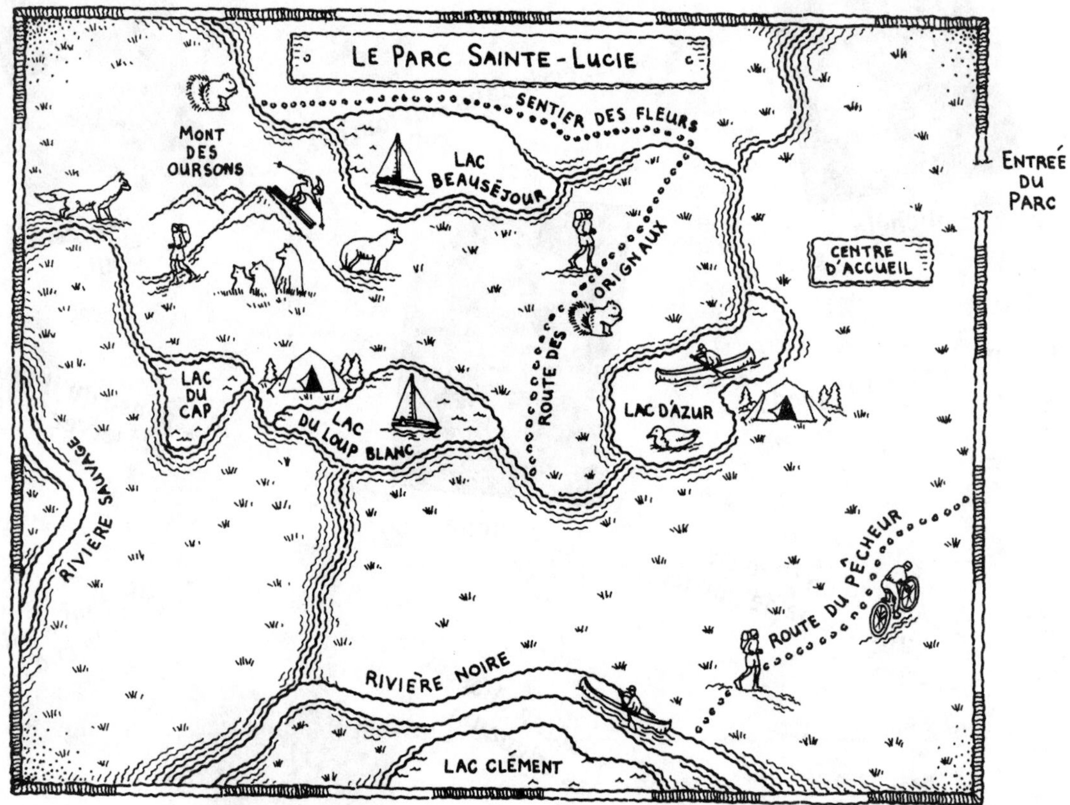

a. Ton groupe de touristes et toi, vous êtes au lac du Loup blanc qui est situé au centre du parc. Dis-leur où se trouvent les endroits suivants par rapport au lac du Loup blanc.

1. Le lac Beauséjour se trouve **au nord** d'ici.
2. Le lac du Cap se trouve **à l'ouest** d'ici.
3. La rivière Noire se trouve **au sud** d'ici.
4. Le lac d'Azur se trouve **à l'est** d'ici.

b. Maintenant, dis aux touristes où les endroits suivants se trouvent dans le parc.

1. L'entrée du parc et le centre d'accueil se trouvent **dans l'est** du parc.
2. Le lac Clément se trouve **dans le sud** du parc.
3. Le sentier des Fleurs se trouve **dans le nord** du parc.
4. La rivière Sauvage se trouve **dans l'ouest** du parc.

4 Où se trouve... ? For each of the following cities, write a complete sentence telling where the city is located in the United States. **Answers may vary. Possible answers:**

1. Los Angeles : **Los Angeles se trouve dans l'ouest des Etats-Unis.**
2. Detroit : **Detroit se trouve dans le nord des Etats-Unis.**
3. Austin : **Austin se trouve dans le sud des Etats-Unis.**
4. Washington, D.C. : **Washington D.C. est dans l'est des Etats-Unis.**

Now choose one of the cities above and tell where it is in relation to where you live.

Los Angeles est à l'ouest de Dallas.

5 Mots croisés Tous ces animaux vivent au Canada. Complète les phrases ci-dessous à l'aide des animaux appropriés.

1. Quelquefois, dans la forêt, on peut entendre les **loups** hurler. Ça fait un peu peur.
2. Les **écureuils** sont si mignons. Ils sont aussi très agiles quand ils montent aux arbres.
3. Il y a beaucoup de **canards** qui nagent dans les lacs canadiens.
4. Le **raton laveur** a l'air de porter un masque et il lave sa nourriture.
5. Les **orignaux** sont des animaux typiquement canadiens. Ils ont une tête très longue.
6. Il faut faire très attention aux **ours**. Ils peuvent attaquer les gens qui ont de la nourriture.
7. C'est le **renard** qui a la plus belle queue. Il ressemble à un chien.
8. Les **mouffettes** ont une odeur dégoûtante et une grande queue.

6 Dans le parc Sainte-Lucie Tes amis veulent savoir ce qu'on peut faire et voir dans le parc Sainte-Lucie. Réponds à leurs questions en t'aidant toujours de la carte à la page 134. **Answers may vary. Possible answers:**

Exemple : — Qu'est-ce qu'on peut faire au lac Beauséjour?
— On peut faire de la voile.

1. Qu'est-ce qu'on peut faire au mont des Oursons?
   On peut faire une randonnée en skis et une randonnée pédestre.
2. Qu'est-ce qu'on peut voir sur le sentier des Fleurs?
   On peut voir des écureuils.
3. Qu'est-ce qu'on peut voir au lac d'Azur?
   On peut voir des canards.
4. Qu'est-ce qu'on peut faire sur la route du Pêcheur?
   On peut faire du vélo de montagne et une randonnée pédestre.
5. Qu'est-ce qu'on peut faire au lac d'Azur?
   On peut faire du canotage.
6. Qu'est-ce qu'on peut voir sur la route des Orignaux?
   On peut voir des écureuils.
7. Qu'est-ce qu'on peut faire sur la rivière Noire?
   On peut faire du canotage.
8. Qu'est-ce qu'on peut voir au mont des Oursons?
   On peut voir des ours et des loups.

7 Notre beau parc Write a letter to your French pen pal giving information about a park in the U.S. Write a detailed description of it, including its location, and tell what there is to see and do there. **Answers will vary.**

DEUXIEME ETAPE

8 On pense à tout Marc et Anaïs se préparent à aller camper. Choisis la fin de chacune de leurs phrases. **Answers may vary. Possible answers:**

__d__ 1. Il nous faut des allumettes...
__a__ 2. On a besoin de sacs de couchage...
__f__ 3. Si on veut se promener le soir,...
__b__ 4. Ah oui! Une trousse de premiers soins...
__c__ 5. Pour ne pas se perdre en chemin,...
__e__ 6. Moi, je ne dors pas à la belle étoile;...

a. pour dormir, bien sûr.
b. en cas d'accident.
c. on a besoin d'une boussole.
d. pour faire la cuisine.
e. je prends la tente!
f. il faut une lampe de poche.

9 Les préparatifs Ton ami Claude et toi, vous allez faire du camping en montagne pendant trois jours. Tu sais qu'il va faire chaud pendant la journée et froid le soir, et qu'il y a beaucoup d'insectes là-bas. Tu veux pêcher des poissons et les manger. D'abord, fais une liste de tout ce que vous devez emporter. Ensuite, écris un petit mot pour dire à Claude d'emporter les choses sur la liste. **Answers will vary. Possible answers:**

A emporter:

une tente
un sac de couchage
une lampe de poche
des tee-shirts
un short
un pull
de la lotion anti-moustiques
une canne à pêche
des allumettes

N'oublie pas... Pense à prendre... On ne peut pas partir sans...

Claude,

Pour ce week-end, n'oublie pas ta tente, ton sac de couchage et ta lampe de poche. Et puis, si on va à la pêche, on ne peut pas partir sans une canne à pêche et des allumettes pour faire du feu. Pense aussi à prendre de la lotion anti-moustiques. Il va faire froid la nuit, alors, prends un pull. Et pour la journée, n'oublie pas un short et des tee-shirts... Il va faire vachement chaud!

A ce week-end!

Manuel

Nom ______ Classe ______ Date ______

10 De bons conseils

Ton ami Adrien trouve toujours de bonnes excuses pour ne pas faire de camping. Toi, tu trouves des solutions pour le persuader. **Answers may vary. Possible answers:**

Exemple : — Je meurs toujours de soif quand je fais une randonnée.
— Emporte une bouteille d'eau!

1. — J'ai peur du noir.
   — Emporte une lampe de poche!
2. — Je déteste avoir froid quand je dors.
   — Emporte ton sac de couchage!
3. — Où est-ce que je vais dormir, moi?
   — Emporte ta tente!
4. — Je n'aurai rien à faire. Je vais sûrement m'ennuyer.
   — Emporte ta canne à pêche!
5. — Je déteste les insectes, surtout ceux qui me piquent!
   — Emporte de la lotion anti-moustiques!

11 Qui dit quoi?

a. Ecris le nom de la personne qui dit chaque phrase.

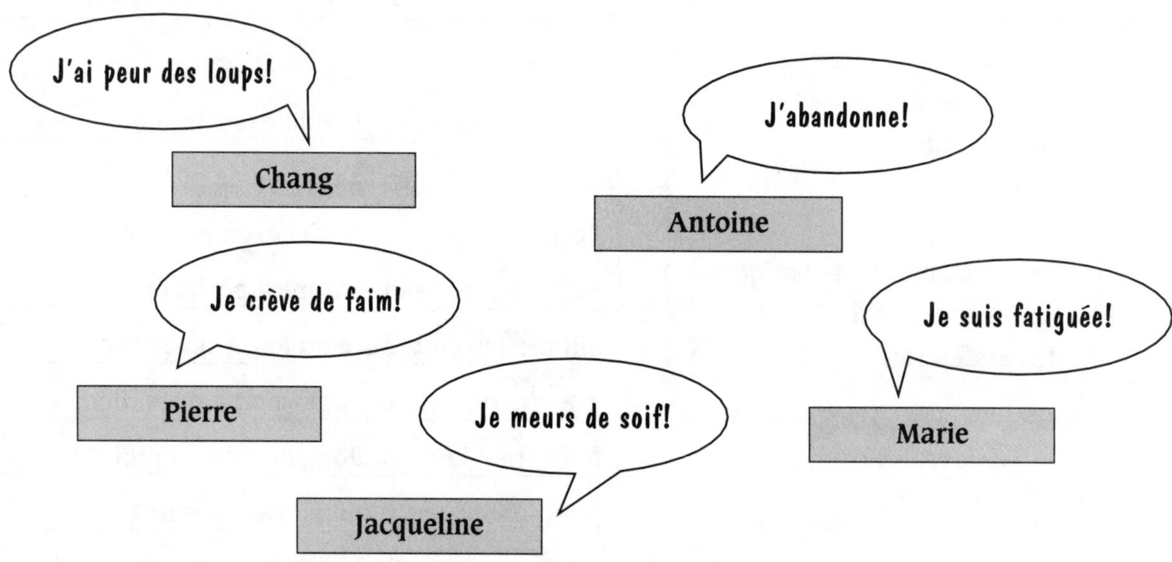

Antoine est crevé; il ne peut pas finir sa randonnée en skis.
Jacqueline a fait une longue randonnée et elle n'a rien à boire.
Pierre a oublié de manger avant de partir faire du canotage.
Chang a entendu dire qu'il y avait des animaux dangereux dans la forêt.
Marie n'a pas l'habitude de marcher et elle a fait dix kilomètres à pied.

b. Que pourrais-tu dire à Antoine pour l'encourager?

Tu y es presque! **Courage!** **Allez!**

12 Respectons la nature! You're in charge of a group of children on a camping trip. Give advice on what the kids should or shouldn't do based on their questions and statements. **Answers may vary. Possible answers:**

1. Regardez toutes ces boîtes de coca partout!
   Ne jetez pas les déchets par terre, s'il vous plaît.
2. Ces écureuils sont si mignons! Je peux leur donner à manger?
   Non, vous ne devez pas nourrir les animaux.
3. Il y a tellement d'arbres ici! Je peux écrire mon nom sur cet arbre?
   Non, ne mutilez pas les arbres.
4. Est-ce qu'on peut faire une randonnée?
   Oui, mais suivez les sentiers balisés, s'il vous plaît.

13 Vive l'écologie! Que dirais-tu à ces gens pour les encourager à protéger l'environnement? Aide-toi des mots proposés. **Answers will vary. Possible answers:**

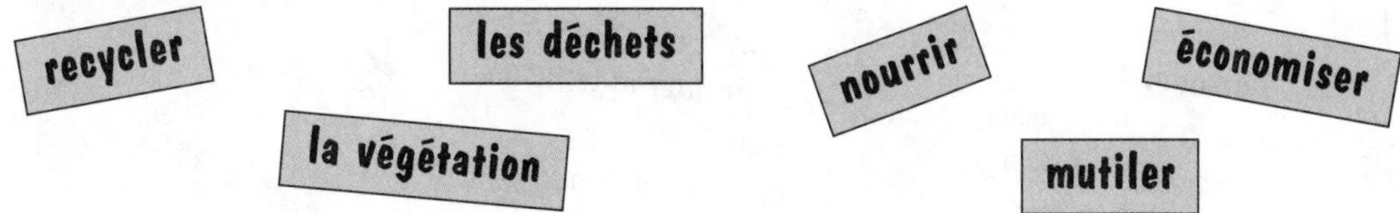

1. Lucille n'arrête pas de jeter des papiers par terre dans les jardins publics.
   Tu ferais bien de jeter tes déchets dans les poubelles.
2. Thomas adore les animaux. Il leur donne toujours les restes de son pique-nique.
   Evite de nourrir les animaux.
3. Hamid marche sur les fleurs et les plantes quand il fait des randonnées.
   Tu ne devrais pas mutiler la végétation.
4. Fabienne jette toujours ses sacs en plastique à la poubelle.
   Tu devrais recycler le plastique.
5. Aïssata utilise toujours beaucoup d'eau dans la salle de bains.
   Tu devrais économiser l'eau.

14 On protège la nature Ecris un petit mot à ton amie Lucie qui va passer deux semaines dans un parc dans le Colorado. Donne-lui des conseils sur ce qu'elle devrait faire et ne pas faire dans la nature. **Answers will vary.**

Nom ______________________ Classe ______________ Date ______________

TROISIEME ETAPE

15 Méli-mélo! Etienne a fait du camping ce week-end. Dis dans quel ordre (de 1 à 5) il a fait les choses suivantes.

__5__ Finalement, il s'est endormi. Il était dix heures et demie.

__3__ Après ça, il a mangé son poisson.

__2__ Ensuite, il a pêché un beau poisson dans la rivière.

__1__ D'abord, il a sorti sa canne à pêche de la voiture.

__4__ Ensuite, il s'est couché dans son sac de couchage.

16 Avant de partir Qu'est-ce qu' Etienne a fait avant de partir faire du camping? **Answers may vary. Possible answers:**

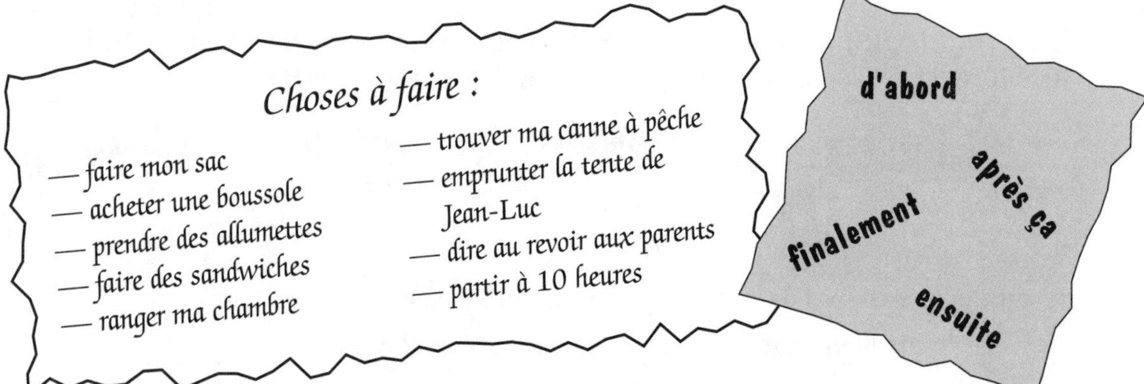

Choses à faire :
— faire mon sac
— acheter une boussole
— prendre des allumettes
— faire des sandwiches
— ranger ma chambre
— trouver ma canne à pêche
— emprunter la tente de Jean-Luc
— dire au revoir aux parents
— partir à 10 heures
d'abord
après ça
finalement
ensuite

Etienne est parti faire du camping à dix heures samedi matin. Avant de partir, il a fait beaucoup de choses.

D'abord, il a fait son sac. Ensuite, il a acheté une boussole. Il a pris des allumettes. Il a fait des sandwiches et ensuite, il a rangé sa chambre. Il a trouvé sa canne à pêche. Après ça, il a emprunté la tente de Jean-Luc. Finalement, il a dit au revoir à ses parents et il est parti.

17 Des vacances canadiennes Elodie raconte à Max ce qu'elle faisait quand elle allait au parc de la Jacques-Cartier. Complète son récit en utilisant des verbes appropriés à l'imparfait.

avoir
pêcher
faire
être
passer
entendre
manger
se baigner

Quand je (j') __**étais**__ petite, on __**passait**__ toujours nos vacances au parc. Il y __**avait**__ plein d'animaux : des ours, des mouffettes, des orignaux... Le temps __**était**__ toujours super! Il n'y __**avait**__ jamais de nuages. La rivière Jacques-Cartier __**était**__ pleine de poissons. Je (j') __**faisais**__ du canotage tous les jours et je (j') __**me baignais**__ dans un petit lac. Mon père __**pêchait**__ des truites et nous les __**mangions**__ à midi. Ce (C') __**était**__ absolument génial!!

18 L'aventure de Marguerite Your friend Marguerite wrote to tell you what happened to her recently. Read her letter. Then write to Emmanuel and summarize Marguerite's adventure. Use the **passé composé** and the **imparfait** when necessary. **Answers will vary. Possible answer:**

Salut!

Tu ne devineras jamais ce qui m'est arrivé! Lundi, je sors de l'école à 5 heures, comme d'habitude. Comme il fait beau, je décide d'aller voir mes grands-parents qui habitent à côté de la forêt. Je traverse la forêt tranquillement. Il n'y a personne, ni devant ni derrière moi. Tout d'un coup, j'entends un bruit à gauche de la route. Je m'arrête, je regarde; il n'y a rien. Je recommence à marcher, mais j'entends un autre bruit. Cette fois-ci, il est très proche de moi. Je regarde sur ma gauche et je vois un ours énorme

2

qui me regarde! Il mesure au moins deux mètres et il n'a pas l'air content du tout! A côté de lui, il y a deux petits oursons qui me regardent aussi. Comme je ne sais pas quoi faire et que j'ai très peur, je recommence à marcher très lentement d'abord, puis de plus en plus vite. Quand je suis assez loin de l'animal, je me mets à courir. Je n'ai jamais couru aussi vite de ma vie! Voilà. C'est quelque chose de vivre en pleine nature, non?

Grosses bises et à bientôt.

Marguerite

Cher Emmanuel,

Tu ne devineras jamais ce qui est arrivé à Marguerite! Lundi, elle a décidé d'aller voir ses grands-parents qui habitent à côté d'une forêt. Elle traversait la forêt tranquillement, il n'y avait personne, ni devant ni derrière elle. Tout d'un coup, elle a entendu un bruit à gauche de la route. Elle s'est arrêtée, elle a regardé; il n'y avait rien. Elle a recommencé à marcher, mais elle a entendu un autre bruit. Cette fois-ci, il était très proche d'elle. Alors, elle a vu un ours énorme qui la regardait! Il mesurait au moins deux mètres et il n'avait pas l'air content du tout! A côté de lui, il y avait deux petits oursons qui la regardaient aussi. Comme elle ne savait pas quoi faire et qu'elle avait très peur, elle a recommencé à marcher très lentement d'abord, puis de plus en plus vite. Quand elle a été assez loin de l'animal, elle s'est mise à courir. Elle n'a jamais couru aussi vite de sa vie!

19 Des vacances en Europe Jules est un jeune Canadien qui a passé ses dernières vacances en Suisse. Il les raconte à son amie Caroline dans une lettre. Imagine ce qu'il a écrit en t'aidant des photos qu'il a envoyées à Caroline. Utilise le passé composé et l'imparfait. **Answers will vary.**

Nom ______________________ Classe ______________ Date ______________

LISONS!

20 **Le parc Bellevue** Read the following notes about various activities offered in this Canadian park, and answer the questions that follow in English.

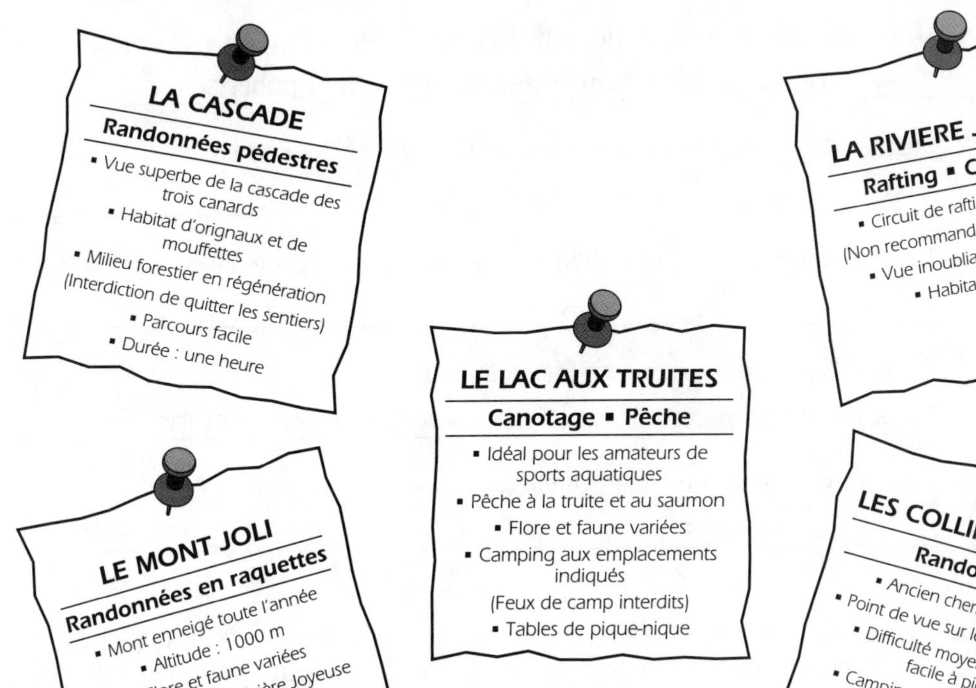

LA CASCADE
Randonnées pédestres
• Vue superbe de la cascade des trois canards
• Habitat d'orignaux et de mouffettes
• Milieu forestier en régénération
(Interdiction de quitter les sentiers)
• Parcours facile
• Durée : une heure
LA RIVIERE JOYEUSE
Rafting • Canotage
• Circuit de rafting sur 20 km.
(Non recommandé aux débutants!)
• Vue inoubliable sur la taïga
• Habitat de loups
LE LAC AUX TRUITES
Canotage • Pêche
• Idéal pour les amateurs de sports aquatiques
• Pêche à la truite et au saumon
• Flore et faune variées
• Camping aux emplacements indiqués
(Feux de camp interdits)
• Tables de pique-nique
LE MONT JOLI
Randonnées en raquettes
• Mont enneigé toute l'année
• Altitude : 1000 m
• Flore et faune variées
• Panorama sur la rivière Joyeuse
• Parcours de difficulté moyenne
• Durée : une demi-journée
LES COLLINES DU LAC
Randonnées
• Ancien chemin forestier
• Point de vue sur le lac aux Truites
• Difficulté moyenne à vélo, facile à pied
• Camping aux emplacements signalés
(Feux de camp interdits)

1. Where should you go if you . . .

	Cascade	lac aux Truites	rivière Joyeuse	mont Joli	collines du Lac
like mountain biking?					✓
like fishing?		✓			
like canoeing?		✓	✓		
want to go for a hike?	✓				✓
want to spend the night?		✓			✓
like snowshoeing?				✓	
want to see animals?	✓	✓	✓	✓	

2. What are the restrictions at these various sites?
Don't make fires; Don't get off the trails; Don't go rafting if you're a beginner and camp only in specified areas.

3. Why do you think there are such restrictions? **Answers may vary. Possible answers: to avoid forest fires; to avoid destroying plants and new trees; to avoid accidents in the rapids**

Nom ______________________ Classe ______________ Date ______________

PANORAMA CULTUREL

21 La nature québécoise Tell whether the following statements are **a) true** or **b) false** and correct the false statements.

b 1. **Draveurs** were trappers who came to Quebec after Jacques Cartier mapped the area.
They were rafters who transported trappers and lumberjacks.

a 2. Jacques Cartier claimed the territory of Canada for the French crown.

a 3. **La Semaine Verte** is a Canadian television program devoted to environmental issues.

b 4. There is less and less concern for ecology in Canada.
It's a growing concern. A lot of groups seek to protect nature.

a 5. Part of the boreal forest is in Quebec.

22 Le français québécois Your French visitor doesn't understand the following questions your **Québécois** friends are asking him. Repeat the questions, substituting words he will recognize.

1. Tu veux un chien chaud?
Tu veux un hot-dog?
2. Qu'est-ce que tu vas faire cette fin de semaine?
Qu'est-ce que tu vas faire ce week-end?
3. Tu as déjà soupé?
Tu as déjà dîné?
4. Tu sais qu'il faut toujours s'arrêter à l'arrêt?
Tu sais qu'il faut toujours s'arrêter au stop?
5. Et comme breuvage, qu'est-ce que tu veux?
Et comme boisson, qu'est-ce que tu veux?
6. Tu aimes le blé d'Inde, toi?
Tu aimes le maïs, toi?
7. Tu as acheté des patates au marché?
Tu as acheté des pommes de terre au marché?

MON JOURNAL

Describe the ideal friend. Mention his or her character, personality, interests, and appearance. Include something about his or her family.

Nom ______________________ Classe ______________ Date ______________

MON JOURNAL

Select one of these topics to write about.

1. Describe your dream home. Tell what you like about this house. Add magazine pictures to illustrate your journal if you wish.
2. What is the perfect neighborhood or town like? Make a map of this town, describe it, and tell why you like it. Add magazine illustrations to your description if you like.

Nom ______________________ Classe ______________ Date ______________

MON JOURNAL

Describe your favorite restaurant (real or imaginary) and tell what you usually eat when you go there. Tell with whom you go and on what occasions.

CHAPITRE 3 Mon journal

MON JOURNAL

Write about a city, town, or state. Tell where it is, how large or small it is, and what there is to see and do there. Also tell what you particularly like and dislike about it.

Nom ______________________ Classe ______________ Date ______________

MON JOURNAL

You're applying to be an exchange student. In your interview, you know the interviewer is going to ask you about the subjects you're taking, the subjects you consider your strongest and weakest, and the classes you enjoy and dislike. He or she may also ask if you complete assignments on time and are usually on time for class. Practice your answer by writing a short essay in your journal.

CHAPITRE 5 Mon journal

MON JOURNAL

Imagine you've just returned from a trip to the Loire Valley. What did you do and see while you were there? What did you enjoy most and least about your trip?

MON JOURNAL

Imagine you've become a world-class athlete. Describe the activity you participate in, your training routine, and your eating habits.

MON JOURNAL

Choisis un de ces sujets :

1. Est-ce que tu préfères habiter dans une grande ville ou dans un petit village? Pourquoi?
2. Est-ce que ta vie était différente l'été dernier? Si oui, comment? Est-ce que tu dormais tard? Qu'est-ce que tu faisais pour t'amuser?

MON JOURNAL

Select one of these topics to write about.

1. Have you ever experienced a natural disaster: earthquake **(un tremblement de terre)**, tornado **(une tornade)**, hurricane **(un ouragan)**, avalanche **(une avalanche)**? Tell about it. Where were you? What were you doing? What happened?
2. Tell about a real or imaginary day when you felt a variety of emotions. Order the events of the day, using words like **d'abord, ensuite, après,** and so on.

MON JOURNAL

Select one of these topics to write about.

1. Tell about the best or worst party you've ever been to. How were you invited? Who organized it? Where was it held? What food was served? What did you do there? Write about an imaginary party if you wish.
2. Describe an argument (real or imaginary) that you've had. Tell with whom you argued, why, and how you resolved it.

MON JOURNAL

Choisis un de ces sujets :

1. Quel média est-ce que tu préfères : les films, les livres, les magazines, la télé? Parle un peu de tes habitudes avec les médias que tu aimes.
2. Est-ce que tu as déjà lu un livre qui a été fait en film? Lequel? De quoi ça parle? Est-ce que tu as vu le film? Qu'est-ce que tu as aimé mieux, le film ou le livre? Pourquoi?

Nom ______________________ Classe ______________ Date ______________

MON JOURNAL

Raconte une expérience réelle ou imaginaire dans la nature. Parle des animaux que tu as vus, de ce que tu as fait, du temps qu'il faisait, et décris l'endroit où tu étais.